VOCÊ NA ERA [+]DIGIT@L

COM UMA REDAÇÃO [+] EFICAZ E [+] INTERATIVA

EDNA MARIA BARIAN PERROTTI
VALÉRIA FRAGA

VOCÊ NA ERA [+]DIGIT@L

COM UMA REDAÇÃO [+] EFICAZ E [+] INTERATIVA

© 2020, Madras Editora Ltda.

Editor:
Wagner Veneziani Costa (*in memoriam*)

Produção:
Equipe Técnica Madras

Design Capa:
Lucas Silva Santos

Ilustração:
Ligya Ribeiro

Revisão:
Débora Tamayose

Dados Internacionais de Catalogação na Publicação (CIP)
(Câmara Brasileira do Livro, SP, Brasil)

Perrotti, Edna Maria Barian
  Você na era[+]digit@l : com uma redação[+] eficaz e [+]interativa / Edna Maria Barian Perrotti, Valéria Fraga. -- São Paulo : Madras, 2020.
  Bibliografia.
  ISBN 978-85-370-1207-9
  1. Comunicação 2. Interatividade 3. Linguagem escrita 4. Tecnologia digital 5. Textos - Redação I. Fraga, Valéria. II. Título.

Índices para catálogo sistemático:
  1. Linguagem digital : Linguística 410.285
  Maria Paula C. Riyuzo - Bibliotecária - CRB-8/7639

É proibida a reprodução total ou parcial desta obra, de qualquer forma ou por qualquer meio eletrônico, mecânico, inclusive por meio de processos xerográficos, incluindo ainda o uso da internet, sem a permissão expressa da Madras Editora, na pessoa de seu editor (Lei nº 9.610, de 19/2/1998).

Todos os direitos desta edição reservados pela

MADRAS EDITORA LTDA.
Rua Paulo Gonçalves, 88 – Santana
CEP: 02403-020 – São Paulo/SP
Caixa Postal: 12183 – CEP: 02013-970
Tel.: (11) 2281-5555 – Fax: (11) 2959-3090
www.madras.com.br

POSTAR OU NÃO POSTAR?

domine os códigos da linguagem digital

torne-se um redator mais eficaz

QUE DILEMA! #sqn

A REINALDO POLITO,
PELO GENEROSO APOIO DE SEMPRE.

A NOSSAS FILHAS:
LÍVIA, GERAÇÃO Y.
TATIANA, GERAÇÃO Z.

AGRADECIMENTOS

À DÉBORA BENATTI,
PELA VALIOSA LEITURA CRÍTICA

À LIGYA RIBEIRO,
PELAS ILUSTRAÇÕES

AO LUCAS SILVA SANTOS,
PELO DESIGN DA CAPA E CONTRACAPA.

Em pesquisa recentemente realizada nos Estados Unidos, chegou-se à conclusão de que, entre as competências necessárias para que o (País) continue líder mundial [...] está a de gerenciamento da informação por meio da comunicação oral e escrita, ou seja, a capacidade de ler, falar e escrever bem.

Antônio Suárez Abreu

PREFÁCIO

Para você não bugar logo na saída

Sou um homem da velha economia. Acompanhava os jogos do meu Santos no radinho de pilha e ouvia Black Sabbath em fita cassete. Dirigi uma famosa empresa da velha economia, até hoje cult, chamada Polaroid – sim, aquela da fotografia instantânea.

(Cabe explicar aos mais jovens que, como não havia a tecnologia digital, toda fotografia era um filme que carecia de ser "revelado" num laboratório, num processo químico que podia levar dias. Então, chegou a Polaroid e "disruptou" isso, inventando um papel-filme que a gente esperava durante um minuto e meio depois do clique e a imagem surgia como mágica.)

Agora, toda foto digital é uma foto instantânea, e a Polaroid pode não fazer nenhum sentido para o leitor. Talvez você nem se sensibilize quando eu comentar que, até há pouco tempo, o ícone do Instagram era uma câmera Polaroid SX-70. Na nova economia, muitas coisas da velha economia perderam o sentido. O mundo mudou radicalmente com uma série de novas tecnologias, e essas mudanças afetaram brutalmente nossa forma de interagir – e, na interação, nossa linguagem, falada e escrita, que é o tema deste livro que está em sua mãos.

A convite das autoras, Edna Perrotti e Valéria Fraga, estou escrevendo este prefácio num hotel em Austin, nos Estados Unidos, antes de mais um dia no SxSW, o maior festival de tecnologia, música, cinema e educação do mundo. Vim fazer aqui o que tento fazer disciplinadamente nos últimos anos: desaprender e reaprender. E isso não poderia ser mais sintomático; meu movimento no SxSW, em Austin, é o mesmo movimento que este livro me proporciona.

Para que desaprender e reaprender?

Há duas finalidades nisso.

A primeira é fazer jus ao maior presente que a vida me deu: minha longevidade, ou a vida extra que experimento. Quando nasci, em 1957, a expectativa de vida no Brasil era de 47 anos. Hoje, as estatísticas e projeções já indicam 77 anos. Isso quer dizer que eu ganhei 30 anos de vida ainda em vida. Não é o máximo?

A segunda diz respeito a ter "longeratividade", neologismo criado no instituto de pesquisas Locomotiva, que significa "viver a longevidade plena de atividades e saúde". Afinal, como eu vou realmente aproveitar o convívio com meus quatro netos se não conseguir me comunicar com eles? Como eu poderia me manter empresário e ser capaz de iniciar novos negócios (como a rede de escolas Digital House, que prepara profissionais para a nova economia), se eu não entendesse as novas necessidades e demandas? Hoje, novos apps aparecem da noite pro dia; a cada um que baixamos em nossos celulares, ganhamos novas ideias, novas formas de agir, comprar e aprender. Em praticamente todas as economias do mundo, as chamadas "startups" não param de nos trazer novos apps.

É como se cada dia correspondesse a um novo tempo. Diante disso, não há outro ponto de partida que não a aceitação de que pouco ou nada sabemos. Na verdade, esse ponto de partida é mais sutil. Eu, por exemplo, estou em sala de aula como professor há quase 40 anos e, é claro, sei muita coisa. Porém... saber que algo funciona de um jeito, quando não funciona mais dessa maneira, é não saber. Entendeu o perigo? Portanto, a longevidade do tipo longeratividade nos manda desaprender o que sabemos para, então, reaprender coisas novas.

E assim chegamos ao mote da "nova economia", que é "aprender, desaprender e reaprender". Isso tem a ver com nossa capacidade de perguntar, ouvir, entender, aceitar e criar nosso próprio repertório.

Onde entra o tema deste livro, a linguagem, na reflexão acima?

Aprender, desaprender e reaprender são movimentos intrinsecamente ligados à linguagem.

E por que este livro pode ajudar, a mim e a você, nesse movimento?

As autoras escreveram este livro para que as diferentes gerações se deem conta da importância cada vez maior da linguagem escrita. Trata-se de um verdadeiro manual do novo escrever, do bem escrever e de comunicar-se bem, que todos devemos ler e, mais do que isso, estudar.

Parafraseando Chacrinha, o guerreiro da velha economia, que continua atualíssimo: "quem não se comunica, buga". E você não vai querer "bugar" bem agora. Você precisa saber como ter uma linguagem clara, concisa e esclarecedora no mundo digital, do rápido e do instantâneo, para fazer suas conexões, para atingir seus objetivos.

Afinal, seja num texto, num e-mail ou no WhatsApp, você é o que você escreve!

Carlos Júlio

CEO Digital House

Head de Estratégia e Inovação do Instituto Locomotiva de Pesquisas

PS: Escrever é tão importante para mim que agradeço todos os dias por ter me diplomado em datilografia na adolescência. Isso me permite usar todos os dedos para digitar em velocidade no teclado do meu computador ou tablet, como estou fazendo agora. O ruim é que digito bem mais lentamente no celular, onde consigo usar só os dedos indicadores, enquanto os mais jovens usam os polegares treinados nos joysticks de Playstation. Ainda não cheguei a este nível de desaprendizado e reaprendizado, mas chegarei!

SUMÁRIO

INTRODUÇÃO
VOCÊ NA ERA DIGITAL.. 20

PRIMEIRA PARTE
DA ERA ANALÓGICA À DIGITAL....................... 28

    1. A linguagem de
ontem e a de hoje 29
    2. A linguagem da *web* 4.0 44

SEGUNDA PARTE
O PROCESSO DE COMUNICAÇÃO 60

    3. Os elementos básicos da
comunicação 61
    4. Linguagem verbal e não verbal 69

TERCEIRA PARTE
O TEXTO 80

    5. Características gerais do texto 82
    6. Funções da linguagem 99
    7. A construção do texto 105
    8. A construção do parágrafo 120
    9. A construção e a qualidade
das frases 135

QUARTA PARTE
PRODUÇÃO DE CONTEÚDO..........................**144**

    10. Envolvimento dos receptores............145
    11. O universo temático da persona.......170
    12. Redação do conteúdo *web*...............190
    13. O *webwriter freelancer*.....................231

QUINTA PARTE
***TOP FIVE* DAS DICAS GRAMATICAIS**................. **249**

    Top 1 Concordância verbal......................250
    Top 2 Crase (a + a = à) 257
    Top 3 Colocação dos pronomes...............263
    Top 4 Pontuação......................................269
    Top 5 Na ponta da língua 275

A TÍTULO DE CONCLUSÃO **280**

GLOSSÁRIO..**282**

REFERÊNCIAS BIBLIOGRÁFICAS **305**

INTRODUÇÃO
VOCÊ NA ERA DIGITAL

Estamos em plena **ERA DIGITAL**, ou em plena **ERA INFORMACIONAL**.

Mais do que nunca, **estamos escrevendo**.

> Com o advento dos PCs, dos *tablets*, dos *smartphones*, muitas pessoas que tinham deixado de lado o hábito de ler e escrever passaram a utilizar quase que diariamente o código escrito, ao lado de áudios e vídeos. Foi surgindo, assim, uma nova geração de receptores (leitores) e emissores (escritores): a geração *web*, cuja idade varia de 2 a 92 anos.

Você, sem dúvida, faz parte dela.

Não é raro pessoas que nunca leram um livro, nunca leram uma revista, fazerem uso de um desses dispositivos e enviar mensagens pelo WhatsApp. E isso é muito bom! Porque estamos resgatando o prazer de ler e escrever. Além, é claro, do prazer de falar. E de também usar imagens para registrar encontros sociais, viagens, passeios ou até mesmo um simples bate-papo. Em suma, estamos interagindo com uma ou mais pessoas, em vários lugares do mundo e em tempo real.

Muito se tem falado em interatividade. Mas o que é de fato interatividade?
É a efetiva capacidade comunicacional de receber o *feedback* e responder imediatamente ao seu interlocutor. O diálogo contínuo melhora o relacionamento entre o emissor (o falante/o escritor) e o receptor (o ouvinte/o leitor). Mas, para tanto, uma escolha mais assertiva do conteúdo e uma compreensão eficaz e ágil das mensagens se fazem necessárias.

Assim como inúmeros códigos, a leitura e a escrita – e, por sua vez, o uso da imagem – têm suas regras próprias, exigem conhecimento do emissor e do receptor para que possam alcançar sua finalidade. O código precisa ser o mesmo para todos, a fim de que as mensagens possam ser entendidas da melhor forma por quem as recebe. Nesse sentido, quem as escreve também precisa dominar bem o código estabelecido.

E mais: além de clareza e objetividade, deve existir ética no uso da escrita e da imagem. O código escrito – tanto quanto o não escrito – deve ser bem utilizado por toda a geração *web*.
Pensando assim, muitas questões nortearam a criação deste livro.

Você pode fazer uma leitura solta, sem necessidade de ordem sequencial, iniciando pela primeira unidade ou por qualquer outra de seu interesse. Caso tenha alguma dificuldade, consulte o glossário, no final do livro.

Também optamos por um *design* diferenciado, com margens, ângulos, espaços, para você interagir, e outros recursos visuais para estimular a compreensão e mostrar como podemos brincar com as palavras mantendo a coerência e a coesão do texto.

Estamos na ERA DIGITAL, mas isso não significa que escrevamos apenas para a *web*. Não podemos nos esquecer de que somos solicitados a escrever em diversos outros contextos.

Se você quer entrar em uma faculdade, provavelmente fará o Enem, em que a boa redação é muito valorizada. Tendo passado por ele, será solicitado a fazer uma redação no vestibular – e ela tem um peso grande se você pretende ingressar num curso com muitos candidatos.

Para terminar a faculdade, terá de escrever o Trabalho de Conclusão de Curso (TCC), com clareza e correção gramatical. Dois ou três anos depois, escreverá sua dissertação de mestrado; mais à frente, a de doutorado. Fará mais de um MBA. Isso sem falar nos relatórios e nas apresentações que precisará elaborar na sua vida profissional.

Em outras palavras: para exercer sua profissão, sua escrita percorrerá um longo caminho. E você deve estar preparado para escrever bem em cada uma dessas etapas.

Para que você possa se expressar com eficácia – na *web* e em outros momentos –, vamos abordar as principais características dos textos orais e escritos; a forma como as mensagens são (ou devem ser) desenvolvidas e interpretadas e todo o processo de produção de conteúdo, que incorpora legendas, imagens, ilustrações, infográficos, *gifs*, *emoticons*, *emojis* e audiovisuais para transmitir uma mensagem mais atrativa para o seu público.

Vamos desvendar um pouco mais como se dá a comunicação humana pela linguagem verbal e pela não verbal, expondo como ela ocorre nos diferentes contextos e na *web* por dispositivos móveis (*mobile*) ou PCs (*desktop*).

A imagem de uma pessoa (quer como receptor, quer como emissor) é fruto desse jogo verbal e não verbal.

Na era digital (ou informacional), não há mais o limite para o que está *on* e *off-line*. Quase tudo envolve *softwares* digitais, processos comunicativos e bancos de dados. Vivemos 24 horas dos nossos dias conectados em redes. O nosso desejo é a integração e a interação em qualquer espaço físico com várias pessoas, muitas vezes de diferentes gerações e com distintos propósitos, valores e crenças.

Estamos mesmo em novos tempos, cada vez mais acelerados pelos avanços tecnológicos. A mobilidade humana ultrapassou os limites da imaginação e rompeu as barreiras do tempo e do espaço, com conexões globais e locais (ambas acontecendo ao mesmo tempo).

Navegamos por informações atemporais ou passamos pelas notícias quentíssimas e emergenciais que, em segundos, tornam-se virais nas mídias sociais.

O emissor que é autoridade em determinada área pode conquistar uma boa reputação digital principalmente quando proporciona conteúdo de qualidade em um ou mais canais eficazes e interativos, com valor percebido pelo seu público seguidor.

Por isso, precisa compreender profundamente o perfil do seu público-alvo. Entender as transformações sociais das diversas gerações. E estar pronto para um público cada vez mais participativo, crítico e consciente.

Infográfico 1
Timeline de gerações da era digital

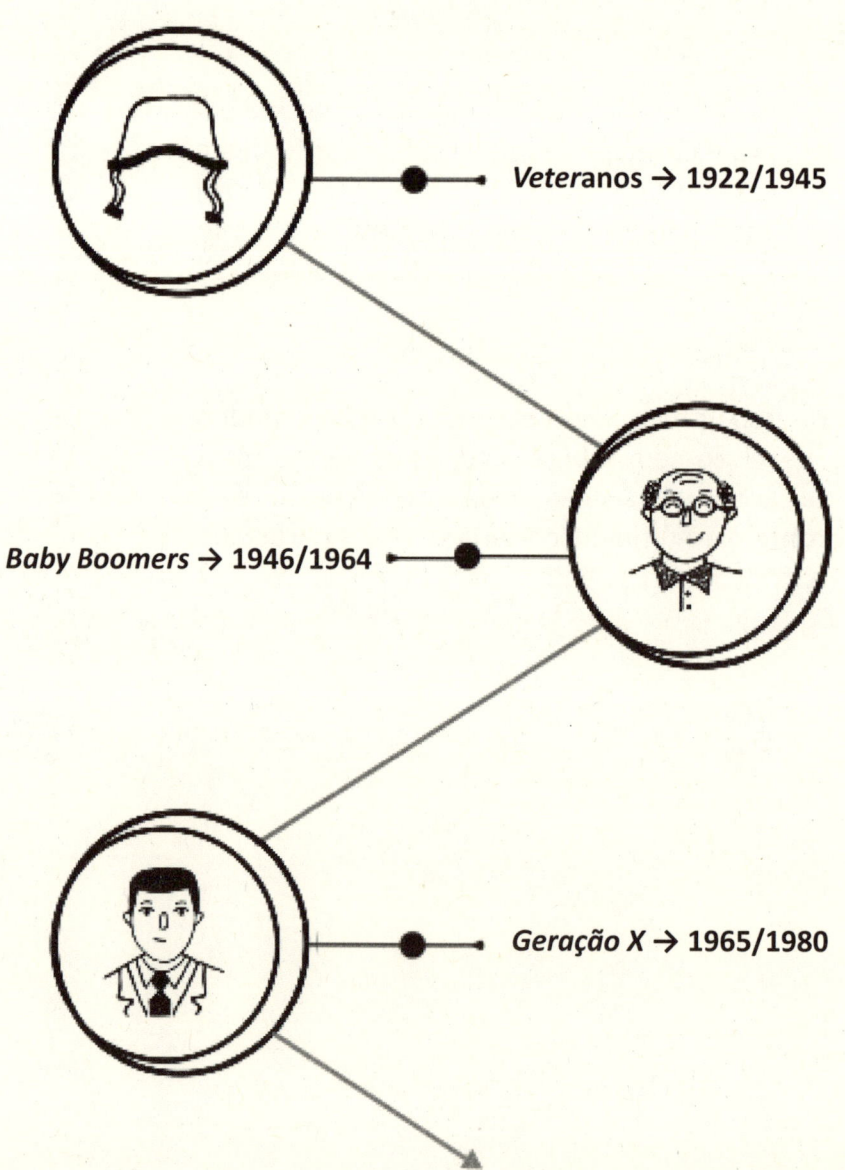

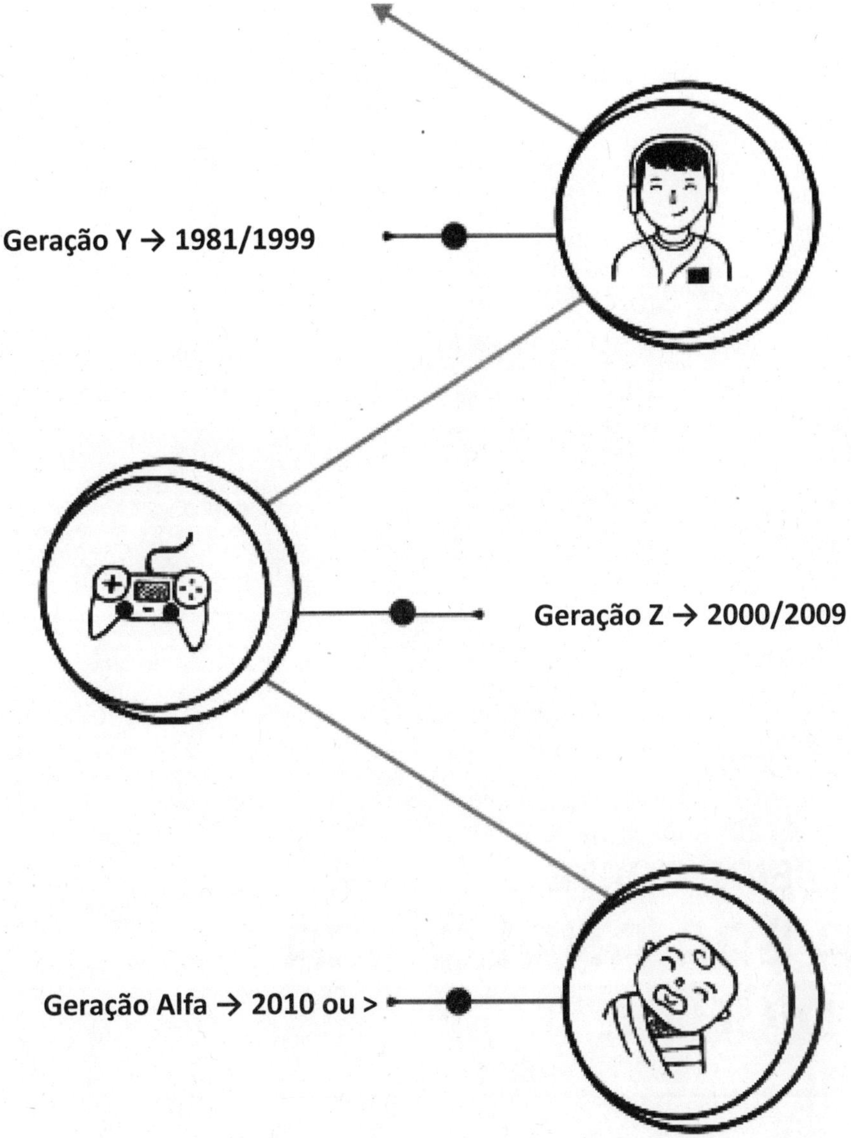

Geração Y → 1981/1999

Geração Z → 2000/2009

Geração Alfa → 2010 ou >

Fonte: The Generation Guide

Alguns pesquisadores que estudam as gerações dos nativos digitais entendem que há outros três períodos: o da geração Y (1981-1990), o da W (1991 a 2003), também conhecida como *millennial*, e o da Z (2003-2009).

PRIMEIRA PARTE
DA ERA ANALÓGICA À DIGITAL

1
A LINGUAGEM DE ONTEM E A DE HOJE

Era uma vez, há bem menos de 40 anos, um país em que não existia internet, nem *smartphone*, nem WhatsApp. E, se a gente voltar à primeira metade do século XX, um país em que não existia nem mesmo televisão.

Impossível pensar nesse mundo?

Não se trata de *fake news*, mas da pura realidade. Estamos falando do Brasil.

A televisão foi inaugurada aqui em 18 de setembro de 1950. Ou seja, há menos de 70 anos. E os programas eram todos ao vivo! A Copa do Mundo de 1958, por exemplo, não foi televisionada para o Brasil, somente para países europeus, graças ao Sputinik III, satélite lançado pelos russos em maio daquele mesmo ano.

Em 1958, todos os torcedores brasileiros ouviram somente pelo rádio as notícias dos lances inacreditáveis de um jovem jogador de 17 anos – aquele que viria a ser o Rei Pelé – e se emocionaram com a narração dos locutores vibrando com cada gol nosso em cima do time da casa, a Suécia, que perdeu. E o Brasil tornou-se campeão mundial!

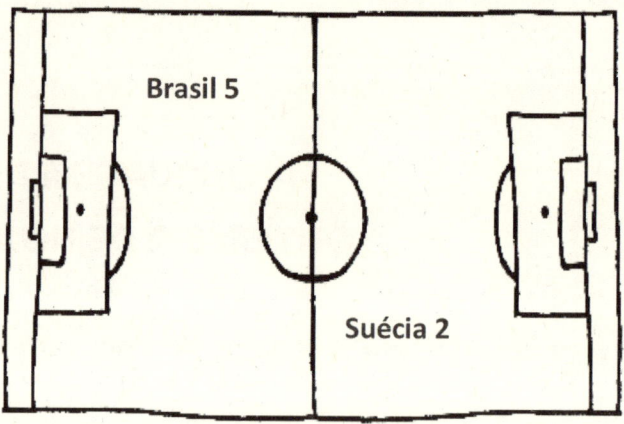

Os locutores narravam de tal forma – dizem que até inventavam alguns passes de bola –, que quem ouvia se sentia sentado lá nas arquibancadas, a milhares de quilômetros do Brasil. E, no dia seguinte, os que sabiam ler corriam para saborear as crônicas esportivas que os jornais se encarregavam de deixar bem cedinho nas bancas ou na casa dos assinantes.

> No Brasil de 60 anos atrás, a parcela da população analfabeta era muito maior do que é hoje!

Como as pessoas sempre gostaram de novelas (um bom exemplo são as novelas de cavalaria, entre os séculos XV e XVII), elas acompanhavam com muito interesse as radionovelas antes do advento da televisão. Os atores interpretavam como muita emoção os textos escritos por bons novelistas, que recebiam efeitos de sonoplastia. E ainda havia as fotonovelas, publicadas em revistas, que arrancavam suspiros das jovens leitoras.

Mas voltemos à chegada da televisão. Ela fez uma verdadeira revolução nos hábitos e nos costumes. E uma boa parte da população passou a se interessar mais pela televisão do que pelos livros e pelas revistas de qualidade.

Assim, mesmo alfabetizadas, muitas pessoas pularam a etapa de adquirir informações pela leitura do código escrito. O que foi uma pena. Porque começaram a desenvolver outra forma de pensar, outro jeito de organizar o pensamento, já que muitos fatos começaram a ser transmitidos como se fossem *flashes*, sem que houvesse relações de causa e consequência entre eles.

Paralelamente ao advento da televisão, porém, houve um grande esforço, nas décadas de 1950 e 1960, para que uma significativa parcela da população tivesse acesso aos bancos escolares.

Nessa época, o ensino era de reconhecida qualidade, havia muitos cursos de alfabetização para jovens e adultos e um grande incentivo à leitura. Parte da elite intelectual continuou a ler muito, e outras pessoas que tiveram acesso à escola começaram a se interessar pela leitura.

Os jovens que estavam no Ensino Médio nos anos 1950, 1960 e mesmo 1970 procuravam sempre estar em dia com a leitura, tanto dos livros publicados originalmente no País quanto daqueles traduzidos do exterior.

Ao longo do tempo, infelizmente, diminuiu muito o número de leitores. O brasileiro lê pouco – uma média de três livros por ano –, quantidade inexpressiva em comparação com outros povos. Ele prefere ficar horas e horas em frente da televisão (ou dos vídeos do celular) a ler um bom livro ou uma boa revista.

Isso não quer dizer que não haja sempre um texto por trás do que é apresentado. As novelas e as minisséries, por exemplo, muitas vezes são adaptadas de bons livros, como ocorreu com:

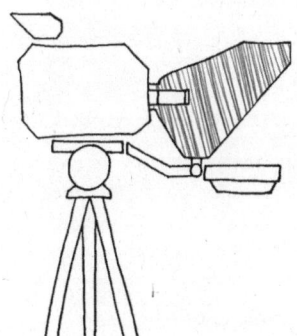

✓ *Dois Irmãos*, do livro de mesmo nome de Milton Hatoum;

✓ *Éramos Seis*, do romance de Maria José Dupré;

✓ *Orgulho e Paixão*, do romance *Orgulho e Preconceito*, de Jane Austen;

✓ *Tieta*, *Gabriela* e *Porto dos Milagres*, adaptadas de livros de Jorge Amado, entre outras.

Também no caso dos telejornais, há um texto presente. A fala dos apresentadores parece muito natural, mas, na verdade, eles estão lendo os textos pelo *teleprompter*, um equipamento que fica acoplado às telas de vídeo.

Pena que muitas escolas de Ensino Médio não tenham aproveitado as aulas de redação para ensinar os alunos a escrever textos também para os meios de comunicação (jornais, revistas, rádio, televisão, etc.). Muitas pessoas só viram o texto com essa finalidade nos cursos superiores de Rádio e TV, por exemplo.

Ainda bem que esse cenário vem sofrendo mudanças.

Quase ao mesmo tempo que a televisão, o telefone também se tornou acessível aos brasileiros. E então as pessoas letradas deixaram de escrever cartas (elas eram trocadas até entre os namorados) e passaram a usar mais o telefone.

A carta passou a ficar restrita aos meios empresariais e a cargo das secretárias executivas (que escreviam bem).

 E assim vivemos nas décadas de 1930, 1940 (com o rádio e as mídias impressas), nas décadas de 1950, 1960, 1970 e 1980 (com o rádio, as revistas e os jornais, a televisão, o telefone fixo e os primeiros computadores), até que chegou ao Brasil...

...A INTERNET!

E tudo então mudou radicalmente.

[⁺Memórias]

Em 1957, o Governo do Estado de São Paulo já tinha adquirido o primeiro grande computador do País. Mas é na década de 1980 que universidades e centros de pesquisa em solo brasileiro se conectam a instituições acadêmicas/científicas da rede internacional Bitnet (*Because It's Time to NETwork*), que permitia a transmissão de mensagens de forma similar ao *e-mail*, tão utilizado atualmente. E é na década seguinte que começa a efetiva comercialização de serviços de internet pela Embratel.

Em 1995, amplia-se esse comércio para diversos servidores e provedores, tornando o ciberespaço a realidade das grandes cidades e de seus moradores. Essa fase é conhecida como *web* 1.0.

Hoje, nas grandes cidades não se concebe o mundo sem internet. Mas ela ainda não é realidade para a maioria dos brasileiros.

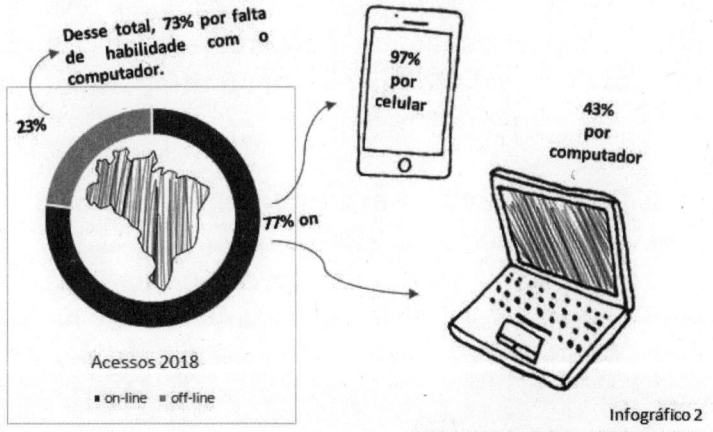

Infográfico 2
Brasileiros com 10 anos ou mais na web
Fonte: Cetic – Pesquisa Indivíduos TIC Domicílios 2018

> A desigualdade no País também se reflete nos mais de 63 milhões de brasileiros excluídos digitais, conforme a Associação Nacional de Jornais (ANJ), 2018.

Com a virada do milênio, a comunicação brasileira entrou de vez na era digital, promovendo amplo movimento de digitalização das informações e integrando sistemas em redes. Uma fase denominada *web* 2.0: *big data* (alto volume de dados) e *data mining* (fluxo e mineração desses dados).

Logo depois, surge a **sociedade informacional**, conectada em multiplataformas (*mobile* e *desktop*), aproveitando a convergência dos meios. É a fase *web* 3.0, que quebra as barreiras espaciais e temporais da vida cotidiana, com o ritmo acelerado dos avanços tecnológicos.

Mais do que nunca, **com a internet, as pessoas precisam aprender a escrever bem**, para ter suas mensagens imediatamente compreendidas pelo receptor. As notícias precisam ser lidas no exato momento em que acontecem, com textos e fotos que permitam uma informação clara, precisa, objetiva, num piscar de olhos.

Por isso, o objetivo deste livro é

APONTAR AS CARACTERÍSTICAS DA PRODUÇÃO DE UMA BOA MENSAGEM PELA INTERNET, EM DIFERENTES FORMATOS E VEÍCULOS, PARA QUE VOCÊ SEJA UM INTERNAUTA DE SUCESSO.

Para tanto, vamos tratar, na terceira parte do livro, das características do texto escrito em geral:

- situacionalidade
- intencionalidade
- informatividade
- intertextualidade
- coerência
- coesão
- aceitabilidade

Na quarta parte, falaremos das mensagens a ser veiculadas na internet e de suas agilidades:
- produção de conteúdo original e relevante, em diferentes formatos textuais
- *design* adequado a cada plataforma de comunicação, considerando a experiência do usuário/visitante e/ou seguidor)
- estratégias para conquistar novas audiências sem ignorar o fator algorítmico presente em cada buscador ou mídia social

Enfim, você vai dominar as técnicas e as ferramentas com criatividade e com o olhar estratégico para ser o REDATOR...

[+Memórias]

A era digital não surgiu do nada, foi resultado de um longo e acelerado processo de avanços tecnológicos.

Século XVIII – Sistema binário por Leibniz.
Década de 1830 – Transmissões do telégrafo por código morse.

101001
001010

1946
1º Computador – Electrical Numerical Integrator and Computer (ENIAC).

1957
Sputinik – 1º satélite artifical soviético. Militares e pesquisadores americanos criam a ARPA – Agência de Projetos de Pesquisa Avançada.

1969 /1971
Arpanet (Advanced Research Projects Agency) – 1ª rede conectadas às universidades da Califórna de Los Angeles (UCLA), de Santa Barbara (UCSB) e de Utah (UTAM), mais o Instituto de Pesquisa de Stanford (SRI).

1970/1979
Sistema de rede sem fio baseado em rádio Intel 4004 – 1º microprocessador comercial.
The Creeper – 1º vírus de computador – criado por Bob Thomas.
Ray Tomlinson na BBN (Bolt, Beranek e Newman) cria o correio eletrônico.
Bob Metcalfe e David Boggs a Ethernet (rede local).

1970/80

Telenet é lançada pela BBN.
Altair 8800 – 1º computador pessoal.
Bill Gates e Paul Allen criam a Microsoft.
Steve Jobs e Steve Wozniak criam o computador Apple I.
Surgem os disquetes flexíveis e o *modem*.
Usenet – precursora dos fóruns de discussão.
Kevin MacKenzie – símbolos para ironizar a mensagem, fazendo rostos com caracteres.
Surge o SPAM como convite para o lançamento de produto.

1980/89

Sistema Dow Jones de Informação com notas econômicas do Wall Street Journal.
IBM lança seu 1º PC.
Scott Fahlman usa pela primeira vez os *emoticons* :-) e :-(
TCP/IP são incorporados à Arpanet, expandindo a net no âmbito acadêmico.

Apple lança PC com mouse e interface gráfica.

1980/89

Microsoft lança o Windows 1.0 para os PCs da IBM. Surgem os *e-mails* comerciais, a telefonia móvel analógica e as impressoras a laser. A rede The National Science Foundation Network (NSFNET) conecta supercomputadores para gerenciar a internet comercial. Criado o Computer Emergency Response Team (CERT) para cuidar de crimes eletrônicos. Jarkko Oikarinen cria o chat IRC para notícias da Guerra do Golfo. Tim Berners-Lee lança o sistema de documentação por *hyperlinks*, que se transformaria na World Wide Web (www).

1989/99

Celulares transmitem texto em 2G.
Surge o 1º *website* do mundo. Em seguida, o *blog*.
O estudante Alan Emtage cria Archie — 1º tipo de buscador de programas em servidores FTP. Depois, surge Wandex — 1º banco de indexação — e Mosaic — 1º navegador gráfico.
Microsoft lança o Windows 3.0. Já a Intel, o chip Pentium.
A InterNIC passa a registrar domínios.
Yahoo! e Navigator são lançados.
Surgem a Linguagem Java, Windows 95 com MSM e Explorer.
Novos sistemas de edição/publicação de *blogs*.
Há uma explosão de *sites* de notícias e de serviços.
Zipmail vira o 1º *e-mail* gratuito no Brasil.
Começa a versão de teste Google Beta.

2000/9

A banda larga cresce com mais de 20 milhões de conexões no Brasil.

São lançados: IG, Wikipédia e Orkut, *podcasts*, Mozilla Firefox, o iPhone e vários *smartphones*, além das Smarts TVs.

Universidades americanas criam o *e-learning*.

O uso da conexão 3G se populariza. E o jornalismo *on-line* ganha força.

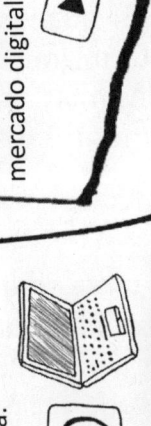

2010/8

Snapchat é lançado.

Netflix chega ao Brasil.

Surgem os celulares via 4G e os armazenamentos em nuvem.

Formula-se o Marco Civil da Internet.

No País, 50% dos domicílios estão na net, com 17 milhões de e-consumidores e mais de R$112 milhões movimentados no mercado digital.

Infográfico 3 – Avanços da era digital
Fontes: Guia de Estilo Web e relatório EBIT.

2
A LINGUAGEM DA WEB 4.0

Mesmo sem sua ampla difusão, a internet já demonstrava ser um ambiente em constante e veloz transformação.

Desde 1996, quando surgiu a primeira versão da *web* 1.0, migramos, de década em década, para versões mais avançadas: fomos para a 2.0, ultrapassamos a 3.0 e, recentemente, atingimos a 4.0.

Depois de tantas mudanças, começamos a nos questionar sobre o que a sociedade contemporânea tem para enfrentar nessa comunicação interativa, cada vez mais dinâmica e com comunidades distintas.

Tudo ou quase tudo vem sendo produzido preferencialmente por intermédio de um *software*, seja no momento de pesquisa de informações, na mineração dos bancos de dados ou na criação textual, por exemplo. Afinal, o texto passa pela digitalização das ideias em arquivos com extensões .doc, .txt,. png, etc.
Isso também ocorre quando se trata

HÁ MESMO CONTROLE DE DADOS E INFORMAÇÕES DAS MÍDIAS DIGITAIS?

da Internet das Coisas (IC), presente em lâmpadas inteligentes (que podem ser controladas por aplicativos – *apps*), pulseiras de monitoramento da vida saudável (que controlam pulsação), carros autônomos, entre muitos outros dispositivos, em tempo real, sem fronteiras. Ou, até mesmo, no que se refere à Inteligência Artificial (IA), com *softwares* e androides sofisticados a serviço dos mercados de negócios e das comunicações sociais na internet.

Apesar de ser um território aparentemente livre para as comunicações e as interações humanas, as regras da internet são estabelecidas nos bastidores das corporações multinacionais, que controlam os principais aplicativos, buscadores, mídias sociais, entre outras plataformas de algoritmos determinísticos, que definem o que vamos ou queremos ver na *timeline* dos nossos perfis sociais. Assim, forma-se a conhecida **bolha informacional**.

O que tanto se discute é o fato de que há mais plataformas construídas com *softwares* fechados de códigos computacionais (algoritmos) não acessíveis à população do que de códigos livres (abertos).

Além disso, mesmo quando o *software* tem código aberto, só consegue compreendê-lo quem domina suas linguagens técnicas. Em geral, alguém jovem, *nerd* e/ou da área de TI – Tecnologia da Informação –, parcela que corresponde à minoria da população.

Há também a questão da distribuição ou relevância de uma mídia digital, que, assim como os ambientes *off-line*, favorece os canais de comunicação que já possuem forte presença digital.

Será que o ciberespaço é democrático de fato, permitindo que todos possam se expressar abertamente?

> Um tema, em alta na mídia, inspirou a prova de redação do Enem 2018: "Manipulação do comportamento do usuário pelo controle de dados da internet".

O emissor que deseja atrair seguidores em seu perfil de mídia social, ou mesmo conquistar a audiência em um *blog* para engajar leitores relevantes, precisará criar estratégias de presença digital e, principalmente, estabelecer propósitos comunicacionais considerando o perfil dos receptores das mensagens ou notícias.

@tenção!

Muitos confundem mídias sociais ou digitais com redes sociais. Mídias sociais ou digitais são, na verdade, veículos de comunicação do meio internet (Facebook, Instagram, Google, entre outras empresas extremamente lucrativas). Já a rede social refere-se ao relacionamento de pessoas com interesses comuns, que podem acontecer em sistemas integrados ou pessoalmente. Uma diferença fundamental, considerando os interesses mercadológicos incutidos nos veículos que vendem espaços publicitários (seus inventários digitais)

No ciberespaço, todas as pessoas têm acesso e voz equivalentes?

Ainda não temos as respostas de forma explícita.

> A cada milésimo de segundo, as empresas digitais colhem e armazenam nossos dados para futuras análises de *clusters* (subsegmentação de perfis consumidores), a fim de divulgar e comercializar produtos e serviços; ou negociar a venda dessas informações cruzadas que descrevem o perfil de cada um de nós.

O Marco Civil da Internet (Lei n. 12.965, de 23 de abril de 2014) e outras leis em estudo surgem, justamente, para abordar tais situações da *web*, regulamentando as ações das empresas digitais em relação à coleta, ao armazenamento, ao uso e à comercialização dos nossos dados.

Porém há um longo caminho a ser percorrido para que nossos direitos e nossa privacidade sejam assegurados e evitem a alienação da bolha informacional.

Pensar em tudo isso nos leva a refletir sobre a forma como consumimos ou compartilhamos a informação na web, ou para o modo como nos posicionamos, quando produzimos conteúdo, marcando nossa presença digital e nosso propósito comunicacional. Precisamos evitar as pautas batidas da bolha informacional. O excesso de repetições gera conteúdos confusos ou equivocados, portanto, prestam um serviço de desinformação.

Presença digital

Até pouco tempo, acreditava-se que uma das grandes conquistas do emissor era ter milhares de seguidores ou curtidas em um *post*.

Hoje, porém, além de se importar com estar "em alta" na mídia, sabe-se que o fundamental é o como o emissor envolve o receptor, provocando sua reação, seja positiva, seja negativa.

Os *lovers* são os seguidores envolvidos em prol do propósito do canal. Já os *haters* são o extremo oposto, pois criticam tudo que é publicado por determinado emissor, muitas vezes até sem coerência. Neste último caso, a presença digital é conquistada pela estratégia do ditado: "Falem mal, mas falem de mim", que só serve para gerar visibilidade.

Na verdade, **o conceito de presença digital se expandiu para o conceito de presença engajada e qualificada**: quanto o receptor (o real público-alvo/audiência) considera relevantes os conteúdos produzidos pelo emissor (produtor de conteúdo), a ponto de interagir com *feedbacks* positivos, neutros ou negativos, sinalizando o engajamento. Há variados relatórios, semanais ou diários (às vezes até por hora), que mensuram quando e quanto cada mensagem impactou e gerou visualizações ou interações do receptor.

São as ferramentas de *Analytics* dos grandes *players* da *web*, analisando métricas.

- *Unique Page Views* (visualizações de conteúdo por pessoa) – páginas e *posts* acessados por receptores (usuários/visitantes) únicos;
- *Views* – quantas vezes as pessoas visualizaram (quantidade de impressões);
- Alcance – porcentagem atingida do seu público-alvo, mensurando até a geolocalização, os dados demográficos, o perfil de interesse, o tempo do impacto e de reações (*feedbacks*) – curtidas, compartilhamentos, comentários) e *downloads*;
- *Pageviews* – tempo de acesso por usuário em cada página;
- *Scrolling* (rolagem) ou movimentação do *mouse;*
- *Bounce Rate* – taxas de rejeição e saída da página, ou falta de interação do receptor da mensagem;

- *Conversion Rate* (taxa de conversão) – reação do receptor conforme o desejado pelo emissor (por exemplo, o preenchimento de um formulário de pesquisa);
- Origem do tráfego – jornada do receptor, referenciando de que *link* partiu seu direcionamento até o conteúdo do emissor;
- Custos do Esforço de Divulgação – Custo por Clique (CPC), Custo por Aquisição (CPA), lista por mil (CPM), etc.

Propósito comunicacional

Mais do que a presença digital (visibilidade com qualificação de público), o **propósito está embasado no atributo qualitativo** em relação à percepção dos receptores sobre a relevância de um canal de comunicação ou dos conteúdos em séries (*web* séries).

É o posicionamento e o interesse-chave que conectam uma comunidade de receptores com seus valores, suas crenças, suas expectativas, repertórios e seus "socioletos" (fatores linguísticos do grupo).

Askehave e Swales definem o gênero contextual como algo identificável em um ciclo propositivo de várias mensagens trocadas na comunidade discursiva ao longo do tempo.[1]

---

[1] ASKEHAVE; SWALES, 2001, p. 197.

Estratégia de posicionamento

QUEM ESTABELECE ESSE TAL PROPÓSITO COMUNICACIONAL? E COMO?

Esta deve ser a pergunta que martela os pensamentos de um emissor/produtor de conteúdo.

O primeiro desafio de um canal não está no momento da escolha, do propósito em si. Mas em quanto o emissor consegue estabelecer a interseção entre seus objetivos e seus conhecimentos aos olhos do receptor de uma comunidade/canal em que as mensagens circularão.

> @tenção!
>
> Os papéis de emissor e receptor serão invertidos constantemente enquanto houver o propósito de engajar a comunidade discursiva, mantendo o diálogo ativo e dinâmico.

Outro ponto crucial é que, embora o criador do canal defina um propósito específico e delimite quais serão os elementos-chave da unidade discursiva, na prática é a comunidade que encontra naturalmente suas próprias afinidades, podendo alterar o rumo a qualquer instante. Afinal, o propósito do emissor precisa ser flexível, livre e espontâneo, como a própria natureza humana.

Presença x Propósito

É óbvio que estar presente e ativamente nas mídias digitais é algo importante. Porém, ter apenas o foco na presença digital, sem propósito coerente e evidente, sem a preocupação em construir reputação de credibilidade, será como se o emissor virasse uma celebridade instantânea (aquela que tem 15 minutos de fama até aparecer alguém mais interessante).

E, COMO QUASE TUDO NA VIDA, QUANTIDADE SÓ REPRESENTA ALGO QUANDO TEM QUALIDADE AGREGADA.

@tenção! Se você conseguir presença digital em um canal de propósito vívido, mantendo uma comunidade discursiva ativa de seguidores qualificados, com certeza terá o melhor dos dois mundos.

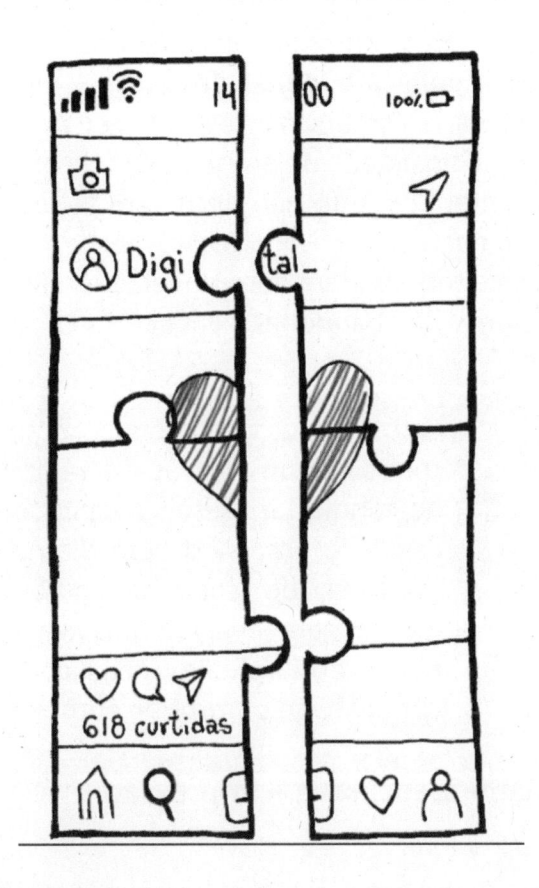

#Resumindo
Antes de buscar "um lugar ao sol" no ciberespaço, conquistando a presença digital, é necessário focar na razão da existência do conteúdo, no porquê de alguém curtir, compartilhar ou comentar as mensagens publicadas. Isso é o propósito, que visa a qualidade do engajamento (vínculo da comunidade discursiva), com princípios, valores, crenças, repertórios e linguagem comum, em dado período.

Os propósitos comunicacionais alteram-se com o tempo e pelas afinidades dos atores envolvidos no processo. Discursos incoerentes ou de exclusiva intencionalidade do emissor, fora do propósito dos conteúdos, que não permitam reflexões da comunidade discursiva, provavelmente não serão bem-aceitos e podem deixar o receptor insatisfeito a ponto de abandonar o canal.

Outra confusão conceitual comum entre os comunicadores é acreditar que, ao conquistar presença digital em seu canal de propósito bem difundido, o produtor de conteúdo automaticamente gera imagem positiva e conquista reputação de credibilidade, bem como atinge o *status* de autoridade.

Imagem associativa – Impressão

A imagem associativa refere-se à idealização conceitual, ao que a mente humana é capaz de imaginar e associar quando ativada por estímulos sensoriais, emocionais ou cognitivos. Também poderia ser resumida por "impressão".

Sabe aquela máxima do ditado popular, "A primeira impressão é a que fica"?

Reputação

Trata-se da opinião do receptor, formada por análise crítica e lógica, alicerçada em convicções próprias em relação ao conteúdo e à impressão percebida do emissor com o tempo. Essa imagem conceitual da reputação tanto pode ser positiva (associada à credibilidade), quanto negativa (quando cai no descrédito).

Autoridade

É a competência humana adquirida em muitos anos de estudo sobre algum tema ou área específica que eleva o especialista ao *status* de autoridade.

Falar que uma estratégia comunicacional conferirá autoridade digital é um grande engano. Essa questão transcende a plataforma *on-line* ou o próprio ambiente computacional. É *status* de saber do ser. É intrínseco à pessoa, e não à forma como ela divulga, e independe da reputação conquistada nas mídias digitais.

Imagem x reputação x autoridade

Para comparar os três itens conceituais, vamos aplicá-los em uma situação comum.

#AgoraVC

Imagine um produtor de conteúdo que reúne amantes de culinária (amadores) no seu canal de comunicação. Ele (o emissor original) é reconhecido no meio gastronômico como um *chef* da comida italiana, por exemplo.

Estamos falando de alguém que é autoridade (detém domínio prático e teórico) e que conquistou reputação (reconhecimento do setor).

Os objetivos são obter o engajamento do propósito, conquistar a presença digital e estimular a imagem de um canal de credibilidade e relevância.

(@tenção!) O propósito deve ser fruto da interseção dos interesses do emissor e do receptor.

Quais poderiam ser os propósitos do seu canal?

Que aprendizados, experiências ou dicas você poderia compartilhar com os receptores para manter o diálogo ativo e constante?

_____

_____

_____

_____

#Resumindo
A autoridade detém o conhecimento como especialista de determinada área, em qualquer ambiente (*on* e *off-line*). E, quando deseja conquistar presença digital como emissor, deve cuidar da sua reputação de credibilidade e encontrar o propósito fundamental que justifique a existência do seu canal ou *websérie*. Mas, para suas mensagens se destacarem no mar da *web*, o emissor precisará ser criativo, dominando o universo temático e mantendo-se antenado às necessidades da persona. (Veremos o conceito de persona na quarta parte deste livro.)

SEGUNDA PARTE
O PROCESSO DE COMUNICAÇÃO

3
OS ELEMENTOS BÁSICOS DA COMUNICAÇÃO

O processo da comunicação acontece a partir de um sistema integrador de sete elementos básicos: a fonte, o codificador, a mensagem, o canal, o decodificador, o receptor[2] e o *feedback*.

> Todos esses elementos devem ser bem analisados pela **fonte da mensagem, o emissor**, que precisa utilizar estratégias e recursos para estimular a compreensão assertiva, garantindo **a eficácia e a interatividade** da sua comunicação.

Apenas quando o processo de comunicação ocorre adequadamente, sem ruídos, é que o receptor poderá ser engajado ao conteúdo. Então ele estará estimulado a continuar sua interação, retornando à mensagem (*feedback*). Nessa hora, os papéis se invertem: ele será o emissor; e o emissor, por sua vez, será o receptor.

---

2 Esses seis primeiros elementos foram propostos por Berlo (1991).

Elementos básicos do processo cíclico de comunicação interativa

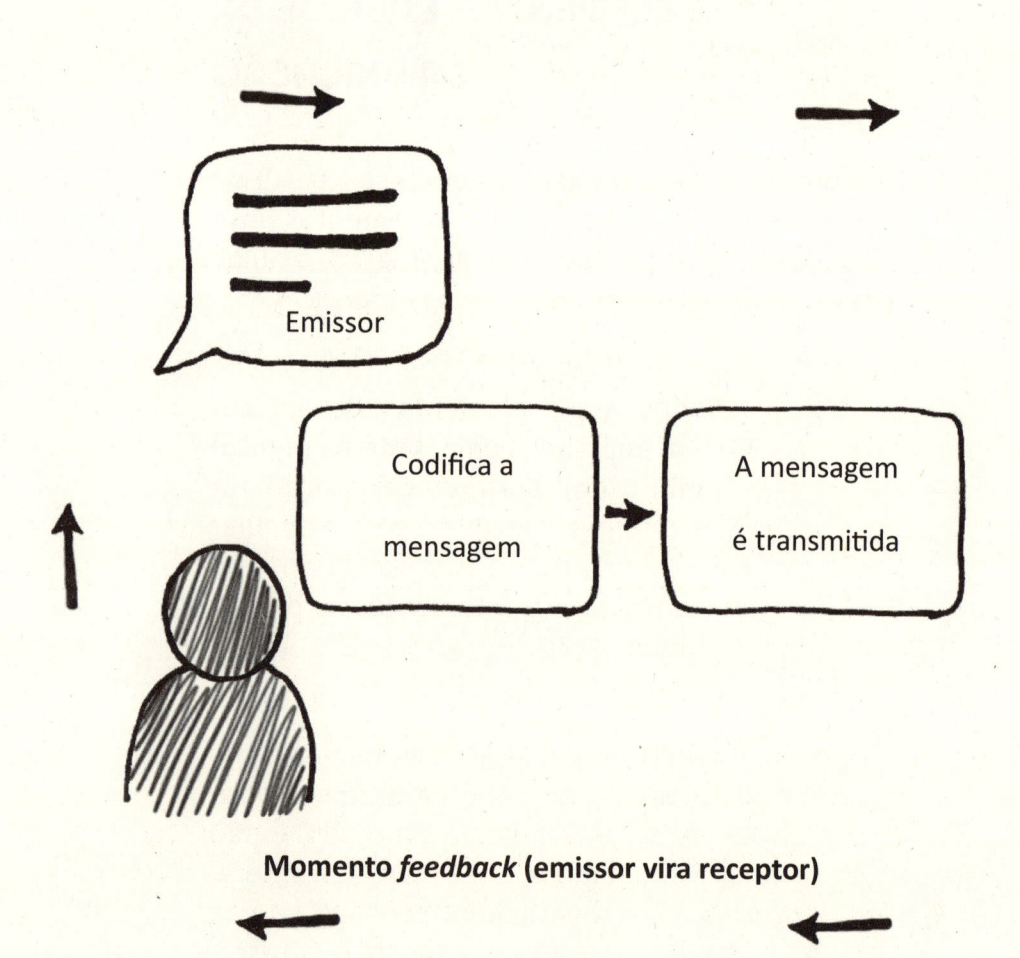

Emissor

Codifica a mensagem

A mensagem é transmitida

Momento *feedback* (emissor vira receptor)

OS ELEMENTOS BÁSICOS DA COMUNICAÇÃO

Receptor

Decodifica a linguagem e compreende a mensagem

Momento *feedback* (receptor vira emissor)

#AgoraVC

Imagine que você, de madrugada, acessando um *site* em inglês da Nova Zelândia, leu a notícia que deixaria sua galera entusiasmadíssima.

O promotor de um concurso famoso de

_____

(Complete com aquele grande desafio sonhado por você e seus amigos.)

vai selecionar, no próximo mês, 15 jovens brasileiros para uma premiação de

_____

(Complete com aquele tão desejado prêmio.)

Corra para dar a notícia em primeira mão!

Mas antes reflita: quais são os elementos envolvidos neste contexto?

Você é o emissor.

Seus amigos são os receptores.

Como emissor você codificará a mensagem com o pensamento centrado muito mais no receptor do que na notícia.

Para tanto, descreva o perfil do seu grupo de amigos, aqueles que você conhece tão bem.

_____
(Dados demográficos: sexo/gênero, idade, formação, ocupação, etc.)

_____
(Características pessoais, traços psicológicos e comportamentais.)

_____
(O que diriam se recebessem esta excelente notícia?)

Agora, pense nas melhores opções para aumentar a assertividade da sua comunicação e gerar engajamento de seus amigos.

Escolha os demais elementos deste processo de comunicação.

_____
(Como se comunicar? Quais são os canais e o dispositivos mais ágeis e eficazes?)

_____

(Qual código garantirá a compreensão?)

_____

(Para todos será o mesmo conteúdo, com a mesma linguagem?)

_____

(Quais recursos podem tornar a mensagem mais atrativa?)

_____

Agora elabore sua mensagem de maneira empolgante, interavita e criativa.

_____

_____

_____

_____

_____

Se preferir, digite seu texto!

@tenção! Se houver alguma falha durante esse processo, acontece o que especialistas denominam de "ruído" (algo que dificulta a decodificação).

QUE TAL AGORA ESCREVER UM TEXTO PARA UM AMIGO SOBRE TUDO O QUE ESTÁ LENDO?

_____
_____
_____
_____
_____
_____
_____
_____
_____
_____
_____
_____

#Resumindo
O bom uso da linguagem, em todas as suas manifestações, é um excelente modo de obtermos informações, de nos posicionarmos no mundo. Pela linguagem nos relacionamos com as pessoas, ora como emissores, ora como receptores. Fazem parte do processo: o receptor, a mensagem, o código, o meio e o feedback.

#Seu espaço

_____

_____

_____

_____

_____

_____

_____

_____

4
LINGUAGEM VERBAL E NÃO VERBAL

Durante o dia todo, ora exercemos o papel de emissor, ora o de receptor: em reuniões presenciais, em transmissões de mensagens via WhatsApp, trocando *e-mails*, falando ao telefone, etc. Assim é a comunicação interativa: o emissor e o receptor trocam constantemente de funções com um tempo ágil de respostas, mantendo a conversa dinâmica e interessante para gerar o tão desejado engajamento.

Na sociedade da informação, essa troca de mensagens deixou de ocorrer apenas entre interlocutores que compartilham o mesmo espaço. Ela agora ocorre em termos globais. Os satélites nos permitiram ter receptores em qualquer lugar do planeta no exato momento em que emitimos nossas mensagens.

Se emissor e receptor não falam a mesma língua, não compartilham o mesmo repertório de palavras, podem recorrer a tradutores *on-line*. **Nem sempre muito eficazes. É verdade!**

Também podem recorrer a diversas imagens que representem conceitos bem difundidos no pensamento do receptor para facilitar a compreensão.

Símbolos e imagens na *web*

Para expressar as emoções humanas, na década de 1980, surgem os **_emoticons_**, formados por caracteres do teclado, símbolos criados a partir da própria família tipográfica (a fonte do editor de texto), para expressar emoções humanas.

:)   (:

Quase uma década depois são criadas imagens para expressar esses sentimentos com mais definição e humor ou que complementam ideias e conceitos da mensagem, humanizando a escrita. Os **_emojis_** são pictogramas de origem japonesa que, com a difusão das mídias sociais, se espalharam, agilizando a comunicação interativa.

Muito difundidos no século XXI, os **memes** também são recursos visuais ou audiovisuais da comunicação contemporânea. São ideias que se reproduzem de maneira efêmera, como "virais", com expressões e personagens-clichê, sátiras cotidianas e vários outros elementos transformados em ícones culturais, que contagiam comunidades virtuais a fim de entreter ou influenciar o ser humano.

[+Memórias]

O termo *meme* vem da palavra grega *mimeme*, imitação. Foi proposto pelo zoólogo Richard Dawkins (1979), da Universidade de Oxford, em estudo sobre a memética. "Se a ideia for bem-sucedida, pode-se dizer que será propagada, espalhando-se de cérebro em cérebro."

Veja este meme:[3]

---

3 Inspirado na onda do #VemPraRua.

Outro exemplo:[4]

```
📶 📶    14:00    100% 🔋
👤 Comunicação Digital  f
   Domingo 18:00

   Eu sou
   privilegiada?!
   Como assim?!

   Trabalho muito
   desde os meus
   16 anos nas indústrias
   da minha família!
   Ah... que injustiça!

30 comentários        100 👍❤😆
```

A mensagem construída somente com palavras é própria da linguagem verbal (que pode ser oral ou escrita), enquanto a que se utiliza apenas de imagens, gestos ou sinais é própria da linguagem não verbal.

---

4 *Meme* boneca cidadã – inspirado no real perfil Blog de Humor – Disponível em: <https://www.facebook.com/barbiefascista/>. Acesso em: 26 nov. 2018.

Por se utilizar de combinações de palavras que formam um sentido, a linguagem verbal geralmente só é compreendida pelos falantes de determinada língua, enquanto a linguagem não verbal tem compreensão (quase) universal.

Podemos utilizar uma ou outra, ou as duas ao mesmo tempo. Enquanto falamos, nosso corpo todo se expressa. Por mais que queiramos transmitir uma notícia de forma alegre, com palavras positivas, não adianta: se estamos tensos, tristes, preocupados, nosso semblante falará mais do que nosso vocabulário.

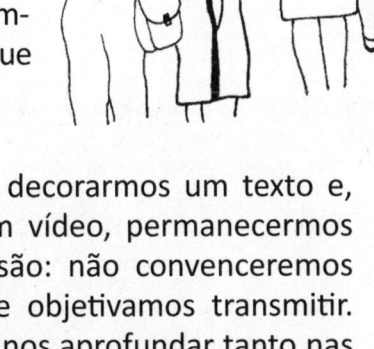

Também não adianta decorarmos um texto e, na hora de gravar um vídeo, permanecermos apáticos, sem expressão: não convenceremos ninguém sobre o que objetivamos transmitir. Por isso, agora vamos nos aprofundar tanto nas características da linguagem verbal (escrita e oral) quanto nas da linguagem não verbal.

Muitas pessoas confundem a linguagem oral com a verbal. A linguagem oral faz parte da linguagem verbal, assim como a linguagem escrita. O esquema a seguir deixa essa classificação bem clara:

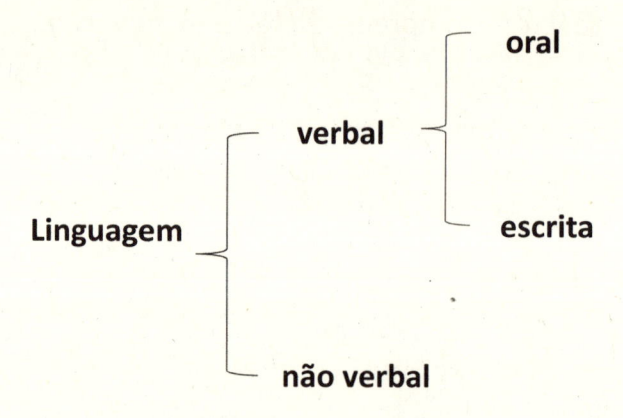

```
                    ┌── oral
         ┌─ verbal ─┤
         │          └── escrita
Linguagem┤
         │
         └─ não verbal
```

SUA LINGUAGEM É SUA IMAGEM.

Todos nós somos vaidosos. Queremos sempre impressionar as pessoas a nossa volta. Por isso, nos produzimos, nos vestimos, nos enfeitamos. Desenvolvemos comportamentos sociais que permitem que sejamos bem (ou mal) vistos.

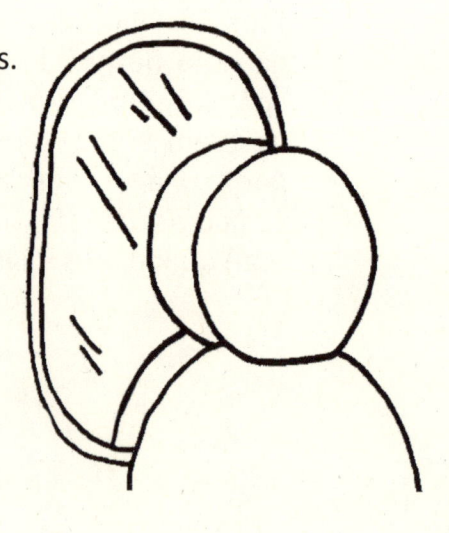

Nesse sentido, falamos de outro tipo de imagem, mas não totalmente distante daquele que já discutimos. Falamos da imagem como representação mental que o receptor faz do emissor a partir da forma como ele se porta, a partir das ideias que defende, a partir do seu posicionamento diante de uma série de questões.

#Resumindo

A linguagem é fundamental na comunicação. É ela – e só ela – que possibilita que falemos de nosso passado, projetemos nosso futuro, expressemos nossos pontos de vista. É pela linguagem que as pessoas nos conhecem, sabem o que pensamos. E, quer queiramos, quer não, é pela linguagem que somos valorizados ou desvalorizados. Sim, enfatizamos: **nossa linguagem é nossa imagem**. Por isso, devemos tomar muito cuidado com o que dizemos, com o que escrevemos, com o que postamos e repassamos.

#Seu espaço

_____

_____

_____

_____

_____

A linguagem no tempo

Se você por acaso entrar em contato com uma carta escrita de meados do século passado, vai observar que a linguagem era muito mais formal que a de hoje. As pessoas eram tratadas, na linguagem comercial/empresarial, por **V. Sa.**, e as frases traziam combinações de termos às vezes pouco compreensíveis para as pessoas de pouca instrução.

Mesmo nos textos de propaganda, o receptor era tratado com certa cerimônia. Nas primeiras décadas do século XX, ficou famoso o anúncio do Rhum Creosotado:

> Veja, ilustre passageiro,
> o belo tipo faceiro
> que o senhor tem a seu lado.
> E, no entanto, acredite,
> quase morreu de bronquite.
> Salvou-o o Rhum Creosotado!

As palavras **ilustres e senhor** davam certo ar de solenidade ao texto. Era muito comum, também, em uma carta, o vocativo vir com a palavra ilustríssimo:

Ilustríssimo Senhor Marcelo Santos

Atualmente, essas palavras são quase inexistentes na linguagem em geral. Nos *e-mails* e mesmo nas mensagens impressas enviadas aos clientes, a palavra **senhor** foi substituída por **você**.

Provavelmente, você deve ter visto em uma fatura de banco:

> *"Desabilite sua fatura impressa e confira as compras no cartão em tempo real pelo celular. Você também pode autorizar o débito automático da sua fatura e ter mais facilidade no seu dia a dia."*

Mas, se com o tempo, alguns aspectos da linguagem foram se modificando, outros se mantiveram e devem ser observados por quem escreve.

Preocupe-se sempre com a qualidade do texto – objetividade e clareza, por exemplo – e com as regras gramaticais – concordância, ordem dos elementos na frase, pontuação e grafia correta. (Trataremos desses aspectos na última parte do livro – *Top Five*.)

Variações da linguagem

A língua varia no tempo e no espaço e, ainda, nas diferentes situações sociais. Muitas pessoas, de acordo com o ambiente em que nasceram e cresceram, falam com variações bastante acentuadas, não apenas quanto à pronúncia, mas também quanto à própria estrutura da frase e a seu repertório cultural.

> Pessoas que não foram treinadas para o uso da "língua de prestígio", ou a chamada "norma culta", têm um jeito característico de se comunicar e, muitas vezes, sofrem preconceito por isso, o que é muito ruim.

Na *web*, principalmente, quer se trate de tempo ou de espaço, é muito importante, na hora de ler e escrever, que seja levada em conta a situação social, ou seja, a posição do emissor e do receptor em determinado momento, assim como o dispositivo tecnológico utilizado para acessar o canal de comunicação.

É claro que, em determinadas situações – na verdade, em muitas delas –, há necessidade de se usar a "norma culta" e deve haver um esforço, principalmente da escola, para que todos os cidadãos tenham acesso a ela. Também é importante que aqueles que a dominam conheçam as demais variantes da nossa língua (como nossos traços culturais) e não as condenem.

A mensagem no WhatsApp e na *web*, em geral, também deve levar em consideração esses aspectos. Em outras palavras: deve levar em conta o destinatário da mensagem, que tem códigos próprios ou compartilha de códigos éticos universais (como o respeito mútuo esperado em toda a comunicação).

LINGUAGEM VERBAL E NÃO VERBAL

> Uma das razões de haver muita reprovação no Exame Nacional do Ensino Médio (Enem) é que muitos alunos escrevem sem levar em consideração que se trata de um texto do espaço escolar. Ele não pode trazer – entre outros aspectos – a linguagem do dia a dia, gírias, construções pouco claras, frases sem sentido, incoerências. Fugir do tema, então, nem pensar.

#Resumindo

A linguagem varia de acordo com a situação social, com o perfil do receptor e o contexto.

Aliás, é sempre o receptor o norteador de como devemos falar ou escrever.

Precisamos conhecer bem aqueles que serão impactados por nossas mensagens para garantir o interesse deles.

#SEUespaço

_____
_____
_____
_____
_____
_____

TERCEIRA PARTE
O TEXTO

ESCREVER BEM DEVE SER UMA PREOCUPAÇÃO CONSTANTE DE TODAS AS PESSOAS QUE DESEJAM ESTABELECER UMA BOA COMUNICAÇÃO, SEJA NA WEB, NA ESCOLA, NO AMBIENTE DE TRABALHO. POR ISSO, ESTA UNIDADE É DEDICADA TOTALMENTE AO TEXTO.

5
CARACTERÍSTICAS GERAIS DO TEXTO

Vamos tratar aqui das características gerais do texto de forma teórica, e depois retomá-las quando tratarmos da construção do texto, na unidade 9, já que elas são muito importantes para estruturá-lo adequadamente.

> AQUI, UM POUCO DE TEORIA.
>
> LÁ, UM POUCO DE PRÁTICA.

Todo texto apresenta sete características extremamente importantes:
- situacionalidade
- intencionalidade
- informatividade
- intertextualidade
- coerência
- coesão
- aceitabilidade[5]

---
5 Conforme KOCH, I. V. *A coesão textual*. São Paulo: Contexto, 1998.

- **Situacionalidade**[6]

Há ocasiões em que se faz necessário situar (contextualizar) o leitor para que ele possa entender com facilidade a mensagem, principalmente se você e ele não costumam trocar textos com frequência.

Veja um exemplo:

> Domingo estivemos na casa de seu pai e soubemos de sua aprovação no concurso. Parabéns!

Você pode dizer que bastaria escrever:

> Parabéns pela sua aprovação no concurso.

Sim, é uma mensagem em que o principal foi dito. Mas pode ser que a pessoa não quisesse, ainda, que muita gente soubesse da sua aprovação. O fato de dizer que o emissor soube na casa do pai do aprovado deixa a situação esclarecida.

---

6 Adaptamos as características do texto apresentadas por Ingedore Villaça Kock para a redação em geral.

Outro exemplo de situacionalidade (primeira frase, em destaque):

Foi no final da Copa de 2018 que muitas pessoas conheceram um pouco mais da Croácia, país que fica às margens do mar Adriático, bem em frente à Itália.

Parte da ex-Iugoslávia, a Croácia, cuja capital é Zagreb, tem pouco mais de 4 milhões de habitantes, vocação para o turismo e uma economia baseada em serviços e na indústria.

Em suma: se você não tem certeza de que o receptor de seu texto sabe do que você está falando, situe-o com algumas frases iniciais.

• Intencionalidade

O emissor sempre tem uma intencionalidade ao transmitir seu texto, ainda que ela não seja explícita. Muitos textos veiculados pelo WhatsApp têm a intencionalidade de apenas divertir – às vezes até de forma grotesca. Outros divulgam uma informação útil. Outros vão se constituindo no grupo com a interferência de cada um de seus participantes, que têm a intenção de contribuir para o esclarecimento de uma mensagem ou até mesmo de questionar algo que não entendeu.

É importante esclarecer que o termo intencionalidade está ligado à construção do texto, enquanto o termo propósito refere-se à finalidade de uma série dos conteúdos do canal.

Um emissor pode ter um *blog* que trata exclusivamente de animais. Sua finalidade é a proteção de gatos e cachorros. No entanto, cada um dos textos que escreverá seguirão uma intencionalidade determinada.

Intencionalidade da mensagem x ética do emissor

Assim como a intencionalidade pode ser muitas vezes percebida nas entrelinhas das frases ditas ou escritas, também podem ser desvendados os códigos éticos adotados pelo emissor em seu discurso.

Códigos éticos não seguem necessariamente apenas os valores morais do indivíduo, mas sim os princípios abstratos acordados em um grupo pelo bom convívio social, em questionamentos mais complexos.

Respeito mútuo, transparência, liberdade, justiça e tolerância à diversidade são exemplos de códigos universalizados, o que significa que são esperados em toda comunicação, independentemente da nacionalidade, da intenção ou do valor moral do emissor.

Quando o conteúdo ignora os códigos éticos universais, a probabilidade maior é de rejeição de grupos que se sintam ofendidos publicamente. E isso, no palco da internet, acarreta um conflito de ideias de grandes proporções, com pessoas indignadas se expressando, muitas vezes, em tempo real e com audiência global.

Portanto, um emissor precisa refletir não apenas sobre o quê está apresentando, ou sobre como está transmitindo seus pensamentos ao público, mas também sobre o impacto de suas palavras na sociedade como um todo.

O bom comunicador é aquele que sabe a importância da palavra e que pensa tanto nas questões de intencionalidade e ética quanto na forma de expressar suas ideias.

O emissor precisa ter o conhecimento aprofundado do que está abordando e a consciência de que cada palavra dita poderá afetar outras pessoas. Não se trata de autocensura, mas de escolher as palavras mais adequadas com coerência e ética. Afinal, podemos ser críticos em relação a qualquer tema, mas deve haver respeito em primeiro lugar, sempre.

• **Informatividade**

A não ser que seja para jogar conversa fora, todo texto transmite uma informação. Algumas vezes, algo novo; outras vezes, a avaliação ou a contestação de uma informação recebida; outras, ainda, a retransmissão de uma informação tida como pertinente.

Exemplo 1:

> Muita gente ainda não sabe utilizar bem o recurso *stories* em seus perfis de mídias sociais. Criado pelo Snapchat e, depois, inovado pelo Instagram, é um audiovisual curto que tem duração de 24 horas na *web*.
>
> Para criar um *story*, é necessário primeiro pensar no roteiro audiovisual, definindo, mesmo que mentalmente, os pontos-chave e a ordem cronológica da história.
>
> Depois é só entrar no aplicativo Instagram Stories, em seu *smartphone*, o que abrirá a câmera de vídeo do seu aparelho. Em seguida, capturar imagens ou filmar. Você pode também utilizar a própria galeria.
>
> Há ferramentas *on-line* para incrementar a historinha, como: geolocalização, filtros de lente (temperatura, máscaras, *zoom*, etc.), canetas coloridas para legendas ou desenhos por cima da imagem, *backgrounds* (fundos de tela). É possível ainda fixar *emojis*, publicar fotos da galeria, inserir e pesquisar *hashtags*, entre outros.
>
> Esse *story* pode ser excluído do *feed* em seguida, ou automaticamente após 24 horas, permanecendo apenas no histórico de quem postou.

Também poderá tornar-se um *post* convencional, incorporado à *timeline*. Nesse caso, basta acessar o menu e clicar em "Compartilhar como publicação".

Outra opção é salvar, clicando em "Salvar Foto" ou "Salvar Story". Visualize os *stories* clicando na bolinha com sua foto. Para assistir vídeos com mais de 10 segundos (que são os sequenciais), segure na tela e assista pelo tempo que durar.

Exemplo 2:

As mídias sociais surgiram no Brasil na década de 1990, com o LinkedIn e o já falecido Orkut[7]. Depois, Facebook, YouTube, Twitter, Tumblr, WhatsApp, Pinterest, Instagram, Snapchat e vários outros veículos de mídias sociais.

Mesmo utilizadas amplamente por mais de 97,7 milhões de usuários únicos brasileiros,[8] há quem lhes faça sérias críticas. Tanto pelo fato de disseminarem as tão polêmicas *fake news* (que, na verdade, são matérias sem fonte confiável) quanto pela superficialidade de muitos *posts* sobre temas variados e até políticos.

No entanto, ninguém pode negar a capacidade dessas mídias sociais de proporcionar diálogos abertos, bem como não há como desmerecer muitos perfis e *posts* de emissores preocupados com tudo o que publicam e em garantir a boa reputação digital de seus canais.

---

7 Disponível em: <https://motdigital.com/a-historia-das-midias-sociais/>. Acesso em: 10 jan. 2019.
8 Disponível em: <http://www.aba.com.br/wp-content/uploads/2017-04-12/58ee86495a579.pdf>. Acesso em: 15 jan. 2019.

• Intertextualidade

Como a própria palavra revela, estamos falando do diálogo que existe entre textos, de forma explícita ou não.

Algumas vezes, explicitamente, retomamos textos já conhecidos para construir o nosso próprio texto. Outras vezes nem nos damos conta de como estamos sendo influenciados pelos textos que já lemos no momento de redigir.

Basta ler as mensagens a seguir no WhatsApp, para você imediatamente se lembrar do texto original, *Chapeuzinho Vermelho*, publicado por Charles Perrault e pelos Irmãos Grimm:

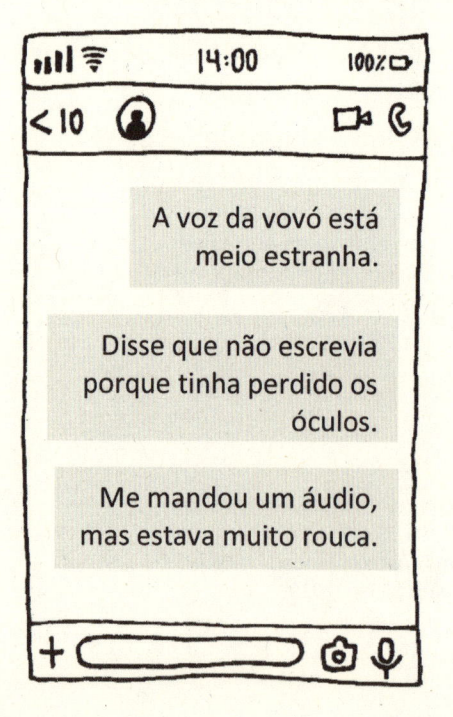

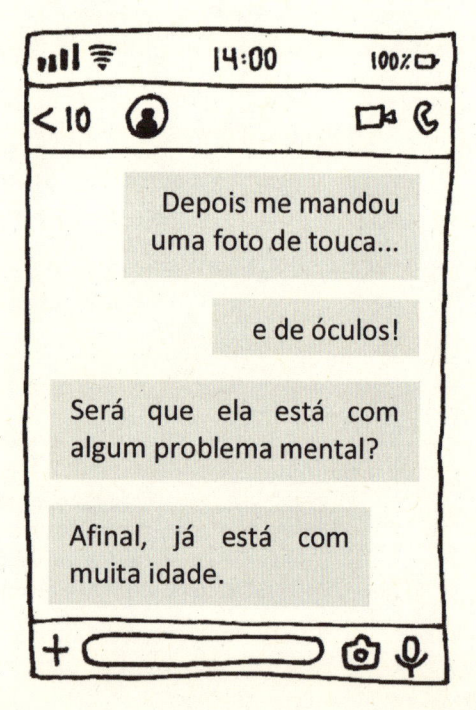

Conversa 1:
- A voz da vovó está meio estranha.
- Disse que não escrevia porque tinha perdido os óculos.
- Me mandou um áudio, mas estava muito rouca.

Conversa 2:
- Depois me mandou uma foto de touca...
- e de óculos!
- Será que ela está com algum problema mental?
- Afinal, já está com muita idade.

A intertextualidade é muito utilizada na literatura. Mario Prata escreveu *Chapeuzinho Vermelho de Raiva*, na década de 1970:

Chapeuzinho Vermelho de Raiva

– Senta aqui mais perto, Chapeuzinho. Fica aqui mais pertinho da vovó, fica.
– Mas vovó, que olho vermelho... E grandão... Que que houve?
– Ah, minha netinha, estes olhos estão assim de tanto olhar para você. Aliás, está queimada, hein?
– Guarujá, vovó. Passei o fim de semana lá. A senhora não me leva a mal, não, mas a senhora está com um nariz tão grande, mas tão grande! Tá tão esquisito, vovó.
– Ora, Chapéu, é a poluição. Desde que começou a industrialização do bosque que é um Deus nos acuda. Fico o dia todo respirando este ar horrível. Chegue mais perto, minha netinha, chegue.
– Mas, em compensação, antes eu levava mais de duas horas para vir de casa até aqui e agora, com a estrada asfaltada, em menos de quinze minutos chego aqui com a minha moto.
– Pois é, minha filha. E o que tem aí nesta cesta enorme?
– Puxa, já ia me esquecendo: a mamãe mandou umas coisas para a senhora. Olha aí: margarina, Helmmans, Danone de frutas e até uns pacotinhos de Knorr, mas é para a senhora comer um só por dia, viu? Lembra da indigestão do carnaval?
– Se lembro, se lembro...
– Vovó, sem querer ser chata.
– Ora, diga.
– As orelhas. A orelha da senhora está tão grande. E ainda por cima, peluda. Credo, vovó!
– Ah, mas a culpada é você. São estes discos malucos que você me deu. Onde se viu fazer música deste tipo? Um horror! Você me desculpe por-

que foi você que me deu, mas estas guitarras, é guitarra que diz, não é? Pois é; estas guitarras são muito barulhentas. Não há ouvido que aguente, minha filha. Música é a do meu tempo. Aquilo sim, eu e seu finado avô, dançando valsas... Ah, esta juventude está perdida mesmo.
– Por falar em juventude o cabelo da senhora está um barato, hein? Todo desfiado, pra cima, encaracolado. Que qué isso?
– Também tenho que entrar na moda, não é, minha filha? Ou você queria que eu fosse domingo ao programa do Chacrinha de coque e com vestido preto com bolinhas brancas?
Chapeuzinho pula para trás:
– E esta boca imensa???!!!
A avó pula da cama e coloca as mãos na cintura, brava:
– Escuta aqui, queridinha: você veio aqui hoje para me criticar é?!

A intertextualidade no texto acadêmico

Se você está no curso superior, terá de fazer pesquisas e desenvolver textos acadêmicos/ científicos que têm uma base teórica, que trazem a contribuição de textos de outros autores. Nesse caso, a intertextualidade é constante e explícita.

O pensamento do autor consultado é colocado entre aspas quando tem até três linhas:

Ainda vai demorar muito para que tenhamos a qualidade de vida dos países de Primeiro Mundo. **"No Brasil, a Saúde é uma área em que as multinacionais têm amplos investimentos e lucros"**, o Estado não emprega todos os recursos necessários para atender satisfatoriamente a população.[9]

---
9 CARVALHO, 2002, p. 133.

Já a citação de mais de três linha, aparece em um bloco, com margem de 4 cm, em destaque, com fonte e espaço menores, como neste exemplo:

> A palavra monografia tem sido muito empregada para os trabalhos de cursos de especialização, mas também a dissertação de mestrado e a tese de doutorado têm caráter monográfico. O nome monografia pode servir ainda para os textos solicitados por fundações de incentivo à ciência, bancos e empresas, para premiar talentos em diferentes áreas.[10]

• Coerência

O texto deve apresentar coerência interna (as frases, as partes, devem fazer sentido entre si) e coerência externa (deve fazer sentido para quem ouve ou para quem lê, de acordo com seu conhecimento de mundo). Caso contrário, causará estranheza, como neste exemplo:

> Durou dois dias a megafesta de Natal promovida por Anitta. Em sua mansão de R$ 10 milhões na Barra da Tijuca – no Rio de Janeiro –, a cantora recebeu amigos e familiares.
>
> Na casa de 62 metros quadrados na zona oeste e nobre carioca, Anitta é vizinha de personalidades como as atrizes Juliana Paes e Marina Ruy Barbosa, o apresentador André Marques e, ainda, o baladeiro jogador de futebol Adriano – o Imperador.[11]

---

10 PERROTTI, 2018, p. 82.
11 Disponível em: <https://jovempan.uol.com.br/entretenimento/famosos/festa-de-natal-na-mansao-da-cantora-anitta-no-rio-durou-dois-dias.html>. Acesso em: 27 dez. 2018.

Pelo seu conhecimento de mundo, pela noção que tem do que seja uma mansão, o leitor percebe que há uma incoerência no texto.

No primeiro parágrafo, aparece: "em sua mansão de R$ 10 milhões na Barra da Tijuca" e, no segundo: "Na casa de 62 metros quadrados na zona oeste e nobre carioca".

Uma mansão de R$ 10 milhões de reais, ainda que seja na Barra da Tijuca, zona nobre do Rio de Janeiro, certamente não tem apenas 62 metros quadrados, que costuma ser a medida de um apartamento de dois quartos, sala, cozinha e banheiro, considerado até mesmo um apartamento pequeno, como se lê também na web:

> Apartamento de 62 m² ganha visual moderno e áreas integradas.
> Planejado para um jovem solteiro, este apartamento pequeno ganhou soluções que fizeram o espaço render.[12]

---

12 Disponível em: <https://casaclaudia.abril.com.br/visita-guiada/apartamento-de-62-m2-ganha-visual-moderno-e-areas-integradas/>. Acesso em: 2 jan.2019.

• Coesão

A coesão é o processo de ligação entre as partes do texto. Em alguns casos, ela ocorre por uma **sequência de marcas no tempo**, como neste exemplo de Rodolfo Ilari e Ricardo Basso, publicado em 2009:

> **Depois do esplendor da segunda parte do século XV** e **das primeiras décadas do século XVI**, Portugal conheceu, **no final de quinhentos**, um período de decadência. Em **1572**, na batalha de Alcácer-Quebir, parte de uma tentativa desastrada de conquistar militarmente o Marrocos, o rei Sebastião desapareceu sem deixar herdeiros, e uma das consequências disso foi que **oito anos depois**, Felipe II da Espanha, reivindicando direitos de sucessão, fez de Portugal uma província espanhola.
>
> O domínio espanhol durou de **1580** até **1640, quando** o movimento conhecido como 'Restauração' devolveu a independência a Portugal, sob o comando de um novo rei, D. João IV, e de uma nova dinastia, a de Bragança. É a essa dinastia que pertencem os reis do Brasil Colônia e os imperadores brasileiros. (p. 43)[13]

---

13 Grifos nossos.

Observe os termos que destacamos. Eles nos situam no tempo. Na primeira frase, voltamos aos séculos XV e XVI, quando Portugal vivia uma fase de esplendor, graças às suas conquistas ultramarinas.

A seguir o autor mostra que, no final dos anos 500 (final do século XVI), o país começou a viver uma fase de decadência. Oito anos depois (1580) da batalha de Alcácer-Quebir — que ocorreu em 1572 —, Portugal passou para o domínio espanhol, que durou de 1580 a 1640, data em que Portugal se torna independente da Espanha. A esse tipo de **coesão**, damos o nome de **sequencial**. Ela permite uma expansão do texto e um conhecimento histórico dos acontecimentos ocorridos em Portugal.

Outros elementos responsáveis pela coesão

Além da sequência temporal, muitos elementos estabelecem a coesão no texto: a repetição de palavras, os sinônimos, os pronomes, as conjunções, entre outros itens gramaticais. Observe como isso ocorre neste pequeno trecho de um texto de Pierre Lévy, publicado em 1996, e ainda muito pertinente:

> Milhões de pessoas e de instituições no mundo trabalham na construção e na disposição do imenso hipertexto da World Wide

> Web. Na *web*, como em todo hiperdocumento, é preciso distinguir conceitualmente dois tipos de memórias diferentes. De um lado, a reserva textual ou documental multimodal, os dados, um estaque quase amorfo, suficientemente balizado, no entanto, para que seus elementos tenham um endereço. De outro, um conjunto de estruturas, percursos, vínculos ou redes de indicadores, que representa organizações particulares, seletivas e objetivas do estaque.
>
> Cada indivíduo, cada organização é incitada não apenas a aumentar o estaque, mas também a propor aos outros cibernautas um ponto de vista sobre o conjunto, uma estrutura subjetiva. Esses pontos de vista subjetivos se manifestam em particular nas manifestações para o exterior associadas às *home pages* afixadas por um indivíduo ou grupo.[14]

No primeiro parágrafo, **hipertexto e hiperdocumento** funcionam como sinônimos, um remete ao outro. Já a palavra **web** repete e sintetiza o elemento anterior. Ao utilizar **dois tipos de memórias diferentes**, o autor cria a expectativa no leitor de saber quais são esses elementos. E ele lhe apresenta, **de um lado, a reserva textual ou documental multimodal** e, **de outro, um conjunto de estruturas, percursos, vínculos ou redes de indicadores**. Depois retoma a palavra **conjunto** com o pronome relativo **que**, para explicar o que o **conjunto** representa.

---

14 LÉVY, 1996.

O segundo parágrafo mantém a coesão com o primeiro não só pela repetição da palavra **estaque,** mas também pela repetição da palavra **conjunto**, além das palavras relacionadas: indi**víduo/ca**da organiz**ação; p**onto de vista/pontos de vista; um indivíduo**/**ou grupo.

A coesão é um importante mecanismo de expansão e de conexão de frases/parágrafos no texto. Quanto mais adequado for o seu uso, maior será a aceitabilidade do texto pelo leitor.

•Aceitabilidade

Além da coesão, todos os outros mecanismos – situacionalidade, intencionalidade, informatividade, intertextualidade e coerência – e também **a forma como o receptor relaciona o texto com seu conhecimento de mundo,** a observância às regras gramaticais de acordo com o tempo, o espaço e as situações sociais são importantes para a aceitabilidade de um texto.

No final do livro, vamos tratar de alguns aspectos gramaticais para deixar o texto mais adequado e ser bem-aceito pelo receptor.

6
FUNÇÕES DA LINGUAGEM

Ao longo deste livro, estamos enfatizando os elementos que fazem parte da comunicação:

- **o emissor** (o falante, o escritor, o remetente; ou seja, aquele que codifica a mensagem)
- **o receptor** (o ouvinte, o leitor, o destinatário; ou seja, aquele que decodifica a linguagem)
- **o código** (a língua, oral ou escrita; os sons; os gestos; etc.)
- **o canal de comunicação** (a fala, a escrita, a *web*, o papel, etc.)
- **o contexto** (a situação a que a mensagem se refere).

Dependendo da nossa intencionalidade no texto, podemos centrar a mensagem no emissor, no receptor, no código, no canal ou até mesmo na própria mensagem. Isto é, recorremos às funções da linguagem, propostas pelo linguista Roman Jakobson (2010), que são assim entendidas:

1. **Função emotiva** – centrada no emissor. Predomina no texto a primeira pessoa gramatical:

> A escola, para mim, sempre foi um grande prazer. Nunca meus pais precisaram me mandar estudar, muito pelo contrário: meu pai, vez ou outra, dizia que eu devia parar um pouco, descansar...

> Foram anos ininterruptos de estudos, mas desde os anos 70 eu não me levantava todas as manhãs para assistir regularmente às aulas de um determinado curso.
>
> Agora, quando o celular toca às 7 horas, confesso: meu coração acelera. Alegremente me preparo para uma manhã de quatro aulas de italiano, com um breve intervalo. Sei que vou aprender muito – e que ainda tenho muita coisa a aprender.[15]

2. **Função conativa** – também chamada apelativa, é centrada no receptor. O texto é dirigido à pessoa que ouve ou que lê (tu, você, vocês):

> "Se você tem um computador de dois qubits e você adiciona dois qubits, terá um computador de quatro qubits, mas não vai dobrar a potência do computador – vai fazer com que cresça exponencialmente", explicou à BBC Martin Giles, chefe do escritório de San Francisco da publicação MIT *Technology Review*...[16]

3. **Função referencial** – centrada no contexto, no assunto. O texto é escrito na 3ª pessoa do singular, da forma mais objetiva possível (linguagem bem denotativa).

---

15 Disponível em: <http://amominhaidade.com.br/estilo-de-vida/aluna-60-conhecendo-mais-de-mim-mesma>. Acesso em: 20 nov. 2018.

16 Disponível em: <https://noticias.uol.com.br/ciencia/ultimas-noticias/bbc/2018/12/30/entenda-o-que-e-tecnologia-quantica-novo-campo-de-batalha-entre-eua-e-china.htm?cmpid=copiaecola>. Acesso em: 31 dez. 2018.

Causas do aquecimento global

As principais causas do aquecimento global estão relacionadas, para a maioria dos cientistas, com as práticas humanas realizadas de maneira não sustentável, ou seja, sem garantir a existência dos recursos e do meio ambiente para as gerações futuras. Assim, formas de degradação ao meio natural, como a poluição, as queimadas e o desmatamento, estariam na lista dos principais elementos causadores desse problema climático.

O desmatamento das áreas naturais contribui para o aquecimento global no sentido de promover um desequilíbrio climático decorrente da remoção da vegetação, que tem como função o controle das temperaturas e dos regimes de chuva. A Floresta Amazônica, por exemplo, é uma grande fornecedora de umidade para a atmosfera, provendo um maior controle das temperaturas e uma certa frequência de chuvas para boa parte do continente sul-americano, conforme estudos relacionados com os chamados rios voadores. Se considerarmos essa dinâmica em termos mundiais, pode-se concluir que a remoção das florestas contribui para o aumento das médias térmicas e para a redução dos índices de pluviosidade em vários lugares.[17]

---

[17] Disponível em: <https://brasilescola.uol.com.br/geografia/aquecimento-global.htm>. Acesso em: 20 nov. 2018.

4. **Função poética** – diferentemente da função referencial, aqui a linguagem é conotativa. O processo de elaboração da linguagem é que passa a ser enfatizado, como mostra este texto de Severino Antônio:

> Começo de noite, em Cachoeira. Procurando umas maçãs, entro em uma mercearia já quase sem ninguém. Observo a funcionária, que arranja as peras para o dia seguinte. Escuto sua fala. As peras irregulares ficam mais bonitas de frente, como se olhassem para diante. As regulares são alinhadas de lado, fazendo camadas homogêneas. A moça vai construindo beleza. Seus gestos são criadores, exercícios de sensibilidade. Sem conhecer os nomes das operações estéticas, arquiteta as frutas de acordo com as formas, as cores, as texturas, os volumes, os ritmos visuais e táteis. As peras como signos, experiência plástica.[18]

5. **Função fática** – centrada no canal, no contato entre emissor e receptor. Seu objetivo é prolongar a comunicação. Um bom exemplo, atualmente, são os *emojis*:

---

18 SEVERINO, 2002.

6. **Função metalinguística** – a função metalinguística está centrada no próprio código. Ela explica o código que está sendo utilizado. Este livro, por exemplo, utiliza quase o tempo todo a função metalinguística, uma vez que utiliza a linguagem escrita para explicar como se dá a linguagem na *web*.

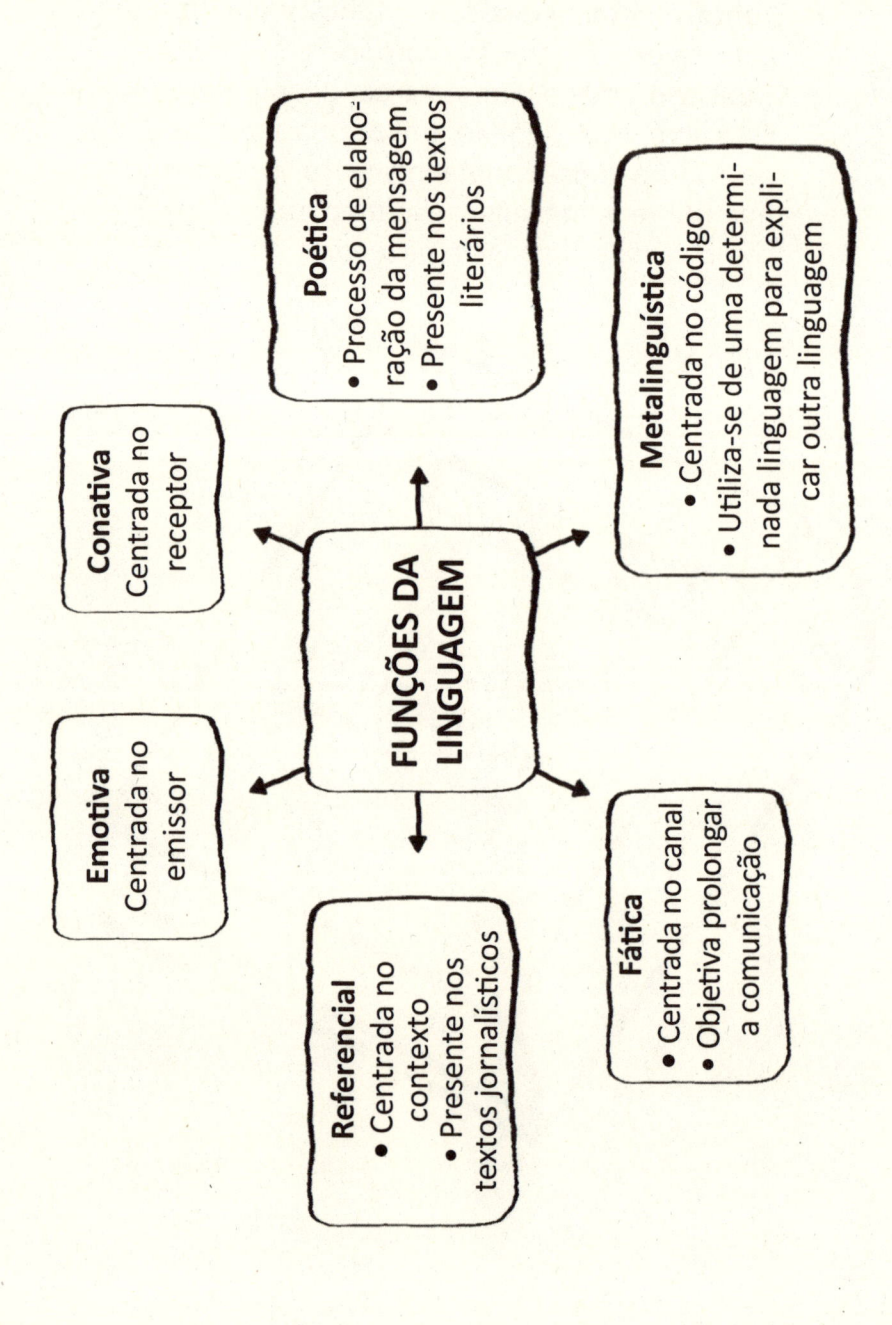

FUNÇÕES DA LINGUAGEM

- **Conativa**
  - Centrada no receptor

- **Emotiva**
  - Centrada no emissor

- **Poética**
  - Processo de elaboração da mensagem
  - Presente nos textos literários

- **Metalinguística**
  - Centrada no código
  - Utiliza-se de uma determinada linguagem para explicar outra linguagem

- **Referencial**
  - Centrada no contexto
  - Presente nos textos jornalísticos

- **Fática**
  - Centrada no canal
  - Objetiva prolongar a comunicação

7
A CONSTRUÇÃO DO TEXTO

Situe o receptor

A menos que você esteja no seu ambiente familiar e que o receptor já tenha conhecimento prévio do assunto, é necessário situá-lo sobre o que você vai tratar em seu texto. Isso é válido para bilhetes, memorandos, *e-mails*, cartas, matérias de jornal, crônicas, etc.

Observe como o autor situa o leitor neste *e-mail*:

De: thais.liv99.@yahoo.com
Enviado: Sábado, 9 de abril de 2017 12:59
Para: edna.perrotti@uol.com.br
Assunto: Curso de atualização gramatical – 20/5   Anexo

Prezada Profª Edna Perrotti,

Sou aluna do Curso de Letras e estive na sua palestra ministrada no dia 29/3 em nossa universidade.

Conversei com a senhora sobre o seu curso de atualização gramatical, no final da palestra. Poderia me enviar o valor, a forma de pagamento, o horário e o local onde será ministrado? Tenho muito interesse em fazê-lo.

Gostaria também de pedir um favor: preciso fazer um trabalho para a faculdade sobre a profissão de um redator ou revisor de textos. A senhora teria disponibilidade para responder a algumas perguntas feitas por *e-mail*?

Desde já agradeço e aguardo pelo curso.

Abraço,
Thais

Além de deixar claro no assunto que se refere a um curso de atualização gramatical, a emissora situa também no corpo do texto a pessoa que vai receber o *e-mail*: ela é aluna do curso de Letras e conversou sobre o curso na palestra ministrada pela professora na universidade.

Perceba também a intencionalidade da aluna: além de querer informações sobre o curso, só depois de falar dele é que pede o favor da entrevista.

Como não tem familiaridade com a professora, utiliza a forma "Prezada Prof^a ", no vocativo, e depois o tratamento senhora.

Também utiliza um desfecho para o *e-mail*, antes de assinar:

Desde já agradeço e aguardo pelo curso.

Abraço,

#AgoraVC

Escreva um *e-mail* para o coordenador de seu curso solicitando fazer as provas em outra época, porque vai se casar. Não deixe de situá-lo (de contextualizar).

_____

_____

_____

_____

_____

_____

SE PREFERIR, DIGITE SEU TEXTO.
EXPLICITE SUA INTENCIONALIDADE.

Como dissemos, a intencionalidade pode ser explícita ou implícita. Em determinadas situações é muito importante deixar claro o objetivo do seu texto.

Em seu livro *Estratégias de leitura*, Isabel Solé deixou bem explícita sua intencionalidade:

> **O propósito deste livro é ajudar professores e outros profissionais que intervêm na educação escolar** em uma tarefa que, ao contrário do que poderia se supor, não é de forma alguma fácil: promover nos alunos a utilização de estratégias que lhes permitam interpretar e compreender autonomamente os textos escritos. (SOLÉ, 1998, p. 17)

#AgoraVC

Você quer fazer um curso de pós-graduação, mas precisa contar com a verba que sua empresa destina aos interessados.

Escreva um *e-mail* ao RH falando das suas pretensões.

Assunto: _____

_____

_____

_____

_____

_____

Informe adequadamente, informando-se

Quando estiver escrevendo, certifique-se de que está apresentando informações que são novas, pertinentes, que vão despertar o desejo do leitor de dar continuidade à leitura. Para tanto, esteja sempre bem informado.

Preocupe-se em pesquisar, em checar informações, em relacioná-las com outras que você supõe que o destinatário de seu texto possua.

A leitura sempre nos enriquece. E também nos fornece conteúdo para escrevermos nossos próprios textos.

Veja como Reinaldo Pimenta (2002, p. 66) conta a história do ônibus recorrendo a fatos que ele, certamente, encontrou pesquisando alguns textos:

Ônibus

Do latim *OMNIBUS*, PARA TODOS.
A história do ônibus como transporte coletivo começou no início do século XIX. O industrial Stanislas Baudrry fazia moagem de grãos nos arredores de Nantes, na França. Como essa atividade demanda um grande volume de água quente, ele teve a ideia de abrir uma casa de banhos para aproveitar o líquido excedente. O problema era fazer os clientes se deslocarem até lá. Então, Baudry implantou uma linha de carruagens puxadas a cavalo, que partiam da Praça do Comércio, no centro de Nantes. O ponto ficava em frente à loja mais famosa e chique da cidade, a *M. Omnès*, que vendia chapéus. Como o Sr. Omnès adorava latim, mandou afixar, na fachada da casa, o lema do estabelecimento, um engenhoso trocadilho do seu nome com a palavra latina *omne*, tudo: *Omnes omnibus*, tudo para todos. Baudry se aproveitou disso e batizou suas viaturas de *omnibus*. O negócio dos banhos de água quente não prosperou, mas os bondes a cavalo... o sucesso foi tanto que, três anos depois, Baudry inaugurou em Paris duas linhas de bondes a cavalo, cada um transportando catorze pessoas.
Depois, os cavalos foram aposentados pelos motores, mas os novos veículos continuaram sendo chamados como eram conhecidos: *omnibus*.

Procure também observar a forma como as pessoas escrevem, o estilo que elas têm. Isso pode ajudar você a melhorar sua escrita, se tiver alguma dificuldade nesse aspecto.

#AgoraVC

Escreva um *e-mail* para seu gestor passando informações a respeito de uma palestra sobre energia solar a que você assistiu a pedido dele.

É claro que você precisa situá-lo, deixar explícita sua intencionalidade e apresentar informações precisas sobre tudo o que ouviu.

_____

_____

_____

_____

_____

_____

Garanta a coerência

Já vimos que textos são unidades de comunicação coerentes, desenvolvidas em torno de um assunto, têm uma sequência, uma organização, uma intencionalidade, apresentam um significado para os interlocutores em determinado contexto ou determinada situação.

Só um todo com sentido é que pode ser chamado de texto. Se ele não tiver sentido, se suas partes forem incoerentes entre si, sem ligação umas com as outras, haverá apenas uma sequência de frases soltas, não um texto.

Veja, a seguir, um exemplo de texto coerente:

Cultura escrita e poder[19]

Para pensar a questão da educação na sociedade de cultura escrita é necessário uma visão mais ampla do fenômeno da escrita. Neste sentido, há dois aspectos fundamentais a considerar.
O primeiro deles diz respeito às funções da escrita desde sua origem. Contrariamente ao que costuma **repercutir** o senso comum e que repercute em programas escolares, a escrita não tem como função primordial (em ambos os sentidos que esta palavra pode ser interpretada) a comunicação. De fato, a escrita foi produzida principalmente em função da necessidade de registro da propriedade e do fluxo do comércio. Desenvolveu-se e sofisticou-se à medida que a sociedade de classes, centrada na apropriação da riqueza por parte de seus membros e pelo poder exercido por este grupo sobre todos os demais, expandiu-se.
A escrita surgiu com o poder. Surgiu para garantir a propriedade, a posse, a diferença, o controle da mercadoria, o estabelecimento de normas e procedimentos. É tardia, na história da cultura escrita, a utilização deste instrumento escrita como veículo de comunicação. É certo que, na atualidade, ela se presta a uma infinidade de funções, entre as quais está a comunicação (seja através de impressos, de manuscritos ou de falas produzidas em

---
19 BRITTO, 2005, s/p.

função do escrito e que se transportam por técnicas de reprodução que dispensam o suporte material). Mas sua função primordial, a de produzir uma sociedade regrada e normatizada, continua sendo a de maior relevância.
O segundo aspecto relaciona-se com as formas de organização do pensamento e da própria fala. A escrita é uma poderosa tecnologia de expansão da memória. Durante muito tempo foi o único recurso (hoje existem vários, como a gravação em áudio e vídeo, a fotografia, os arquivos eletrônicos). Essa expansão da memória permite a um indivíduo ou a um grupo maior capacidade de memória, porque pode esquecer sem esquecer, uma vez que não é mais preciso guardar na mente todas as informações, mensagens, ideias, raciocínios. Armazena-se a informação fora do corpo físico, mas ao alcance do interessado (desde que saiba usar a tecnologia.)
Esses dois aspectos da tecnologia da escrita – o registro e a expansão da memória – deixaram importantes marcas na organização da cultura ocidental, tendo sido fundamentais para o desenvolvimento das ciências, da filosofia e até de um certo tipo de arte.

No primeiro parágrafo, o autor diz que é necessária uma visão mais ampla do fenômeno da escrita. E que, neste sentido, há dois aspectos fundamentais a considerar.

Logo a seguir, no início do segundo parágrafo, ao tratar do primeiro aspecto, faz uma afirmação categórica:

a escrita não tem como função primordial [...] a comunicação. Depois reafirma: **De fato, a escrita foi produzida principalmente em função da necessidade de registro da propriedade e do fluxo do comércio.**

Também essa afirmação é confirmada logo depois:

A escrita surgiu com o poder. Surgiu para garantir a propriedade, a posse, a diferença, o controle da mercadoria, o estabelecimento de normas e procedimentos.

E mantém esse ponto de vista nas linhas a seguir:

[...] sua função primordial, a de produzir uma sociedade regrada e normatizada, continua sendo a de maior relevância.

No terceiro parágrafo, sempre desenvolvendo as ideias de maneira coerente, o autor diz que:

o segundo aspecto relaciona-se com as formas de organização do pensamento e da própria fala. E não abandona, de forma alguma, a questão da escrita:

A escrita é uma poderosa tecnologia de expansão da memória. Durante muito tempo foi o único recurso[...]

No último parágrafo, resgata os dois aspectos a que se referiu no primeiro parágrafo:

Esses dois aspectos da tecnologia da escrita – o registro e a expansão da memória – deixaram importantes marcas na organização da cultura ocidental [...].

@tenção! De diferentes formas você pode garantir a coerência do seu texto. Mas uma delas é fundamental: apegar-se totalmente ao tema que você está desenvolvendo, sem fugir dele.
Leia e releia seu texto para verificar se não caiu em nenhuma contradição.

#AgoraVC

Volte ao *e-mail* que você escreveu ao seu gestor sobre energia solar.
Observe se você estabeleceu coerência entre as ideias.
Refaça-o, se necessário.

_____

_____

_____

_____

_____

_____

_____

Estabeleça a coesão

A coesão, como já vimos, é o mecanismo que mantém ligadas todas as partes do texto. A coesão pode ocorrer simplesmente pela sequência das frases, sem nenhum elemento coesivo entre elas, ou ser estabelecida por elementos coesivos apropriados. Veja:

> O ser humano é um ser de **linguagem**. Através das diferentes formas de **linguagem** é que se torna possível uma comunicação com o outro, com a sociedade e com a própria natureza. Existe a **linguagem** da ciência, da religião, da arte, entre outras. **Todas** se apresentam como uma tentativa de compreensão do mundo.[20]

Nesse primeiro exemplo, a coesão se faz pela repetição do termo **linguagem** e pela palavra **todas**.

Já neste segundo exemplo, a coesão se estabelece por diferentes elementos:

> O investimento em informação, ciência e tecnologia nunca foi tão expressivo e indispensável como atualmente. As agências de fomento e as agências financiadoras de projetos investem alto capital em pesquisas de desenvolvimento científico e tecnológico para que sejam produzidos novos produtos e serviços para a sociedade, bem como para o avanço das pesquisas nas universidades e centros de pesquisa.

---

20 SCOPINHO, in ALMEIDA, 2002, p. 100.

Ainda que não seja com a mesma representatividade, o investimento em informação e equipe especializada também está presente nas organizações e cada vez mais vem ganhando espaço na sociedade e no mercado de trabalho.

Devido a essa incessante busca por conhecimento e informação, a comunicação reforça sua função fundamental de facilitadora e mediadora para a sociedade.

As pessoas se comunicam o tempo todo, consciente ou inconscientemente, pessoalmente ou a distância, utilizam-se dos mais diversos canais e meios de comunicação, etc.

Diante do exposto, percebe-se que a sociedade busca cada vez mais conhecimento e informação, o que faz com que essa mesma sociedade seja nomeada por: Sociedade da Informação, Sociedade do Conhecimento e Sociedade da Comunicação.[21]

---

21 SANTOS NETO; ALMEIDA JÚNIOR; VALENTIM, 2013, p. 179-197.

Alguns elementos coesivos

São muitos os elementos coesivos disponíveis na língua portuguesa, alguns utilizados para se referir a termos que já apareceram no texto e outros para encadear palavras e frases.

Dentre esses, há os que também estabelecem ideia de oposição, de causa, de esclarecimento.

Veja alguns:

- **Causa, motivo, explicação**: porque, visto que, já que, dado que, uma vez que, pois...
- **Concessão**: embora, mesmo que, ainda que, apesar de...
- **Conclusão**: portanto, finalmente, enfim, em síntese, por fim, para finalizar...
- **Condição**: se, caso...
- **Consequência**: portanto, logo, consequentemente, assim...
- **Continuidade**: e, ainda, assim, desse modo, além disso, ademais...
- **Oposição**: mas, porém, entretanto, todavia, no entanto, contudo...
- **Retificação** ou **esclarecimento**: aliás, a saber, isto é, ou seja...

#AgoraVC

Você é o síndico de seu prédio e precisa convencer uma parte dos moradores sobre as vantagens da energia solar.

Escreva um comunicado de mais ou menos 30 linhas, coeso e coerente, para convencê-los.

- Situe-os em relação ao assunto.

- Deixe clara a sua intencionalidade.

- Informe-os das vantagens da energia solar e dos custos-benefícios.

- Recorra aos elementos coesivos para escrever um texto persuasivo.

_____

_____

_____

_____

_____

_____

8
A CONSTRUÇÃO DO PARÁGRAFO

Muita gente se acostumou a ver na palavra **parágrafo** o espaço deixado à margem esquerda antes de escrever. Esse espaço simplesmente mostra a existência de um parágrafo. Na verdade, **parágrafo** é uma unidade de composição que transmite determinada ideia a respeito de determinado assunto. Essa ideia principal pode vir expandida por outras ideias, chamadas secundárias.

No texto a seguir, temos a ocorrência de 12 parágrafos, cada um trazendo **uma ideia principal**, que deixamos em negrito. (Sim, o texto é longo, mas é muito importante que você acompanhe a análise. Ela o ajudará a escrever melhor os seus textos.)

Curso superior é mesmo importante para ingressar no mercado de trabalho?

Reinaldo Polito

> **Há algumas décadas comecei a me surpreender com a informação de que pessoas importantes, bem-sucedidas e famosas não possuíam curso superior.** No início, elas não divulgavam abertamente essa falta de escolaridade. Como alunos particulares,

entretanto, confidenciavam que não haviam concluído e, em alguns casos, nem frequentado uma faculdade. (1)

[...] **A fila dos sem diploma é longa.** Nesse rol desfilaram pelas minhas aulas presidentes de instituições como a Bolsa de valores, Febraban, bancos, grandes construtoras e empresas de tecnologia. Eu me ative ao cargo de presidente só para mencionar aqueles que atingiram as posições profissionais mais elevadas. Se considerarmos a turma do andar de baixo, aí perdemos a conta. (2)

Com o tempo, esses mesmos profissionais se sentiram mais à vontade para revelar abertamente essa falta de formação acadêmica. Descobriram que estavam muito bem acompanhados e que, em alguns casos, essa condição se transformava até numa espécie de marca de competência pessoal. Afinal, pensavam, só chegaram aonde chegaram por serem inteligentes, intuitivos e empreendedores, e não porque tiveram de frequentar uma escola. (3)

Por que esconder o fato de não terem concluído um curso superior, se **alguns que brilharam na ponta da pirâmide das maiores empresas mundiais estavam na mesma condição**? Entre eles, Steve Jobs, Mark Zuckerberg, Julian Assange, Bill Gates, Michael Dell e mais uma infinidade de profissionais do mesmo naipe. (4)

[...] **Cursar uma faculdade, porém, continua sendo requisito importante para o sucesso profissional.** Estudos recentes mostram que os profissionais com formação escolar superior chegam a ganhar salários duas, três, até cinco vezes mais altos aos daqueles que não estudaram. Para ingressar em algumas empresas, não basta apenas ter curso superior; elas exigem também que seus profissionais tenham frequentado pós-graduação, de preferência no exterior. (5)

Tudo isso é verdade. Só que de alguns anos para cá, algumas empresas, especialmente na área de tecnologia, não estão olhando com tanto interesse para o fato de os profissionais possuírem ou não curso superior. Para citar algumas das mais importantes no mundo: Apple, Google e IBM. (6)

[...] **Essas empresas julgam que se o profissional desenvolveu em outras organizações habilidades de qualidade para ocupar o cargo, ou se conseguiu com empenho pessoal, em cursos rápidos, ou até autodidata, se preparar para dar conta com competência da função, bem-vindo ao clube.** Esse fenômeno, todavia, parece estar mais restrito às empresas de tecnologia, devido principalmente à escassez de mão de obra. (7)

[...] Carlos Alberto Júlio, CEO da Digital House, empresa especializada no preparo de profissionais para a área de tecnologia, disse que **a quase totalidade dos alunos que frequentam seus cursos termina o treinamento já empregados, independentemente de terem ou não curso superior.** São preparados para exercer imediatamente funções na área da tecnologia como marketing digital, gestão de negócios digitais, desenvolvimento de projetos *mobile* em Android, análise estratégica de dados etc. (8)

Um de meus alunos recentes, proprietário de uma das maiores empresas na criação de *games* do mundo, me disse que, por não ter equipes suficientes de profissionais para desenvolver seus projetos, deixa de ganhar em poucos meses milhões de dólares. Comentou com seriedade: "Imagina se estou preocupado se o profissional tem ou não curso superior. Eu quero gente que consiga dar conta do recado". (9)

Sofia Esteves, fundadora da DMRH, que tem sob seu guarda-chuva a Cia. de Talentos, uma das mais importantes empresas de consultoria de Recursos Humanos da América Latina, diz que **o recrutamento de profissionais sem curso superior, embora tenha aumentado nos últimos anos, ainda é incipiente.** (10)

Ruy Leal, Superintendente da ONG Via de Acesso, considerado o maior especialista no treinamento e contratação de jovens para o mercado de trabalho e autor de diversos livros sobre o tema, concorda que **o fenômeno está mais restrito à área de tecnologia, pois são funções que permitem ao jovem aprender em cursos rápidos e aprimorar seu conhecimento enquanto desenvolve suas atividades.** (11)

Em praticamente todos esses casos citados, os profissionais são responsáveis não apenas pela criação e desenvolvimento de projetos, mas também pela exposição de seus resultados. Precisam sair da frente do teclado dos computadores e, diante de públicos exigentes, já que, quase sempre, há muito dinheiro envolvido, falar com desenvoltura sobre suas realizações. (12)

Devido ao aparecimento vertiginoso de novas tecnologias, da mudança sem precedente na cultura, nos valores e nas necessidades de um mundo que parte para um futuro com perfis inimagináveis, **a comunicação verbal se apresenta como o grande vetor que permeia esse momento tão desafiador.**[22]

---

22 Disponível em: <https://economia.uol.com.br/blogs-e-colunas/coluna/reinaldo polito/ 2018/12/11/ importancia-curso-superior-ingressar-mercado-de-trabalho. htm?cmpid= copiaecola>. Acesso em: 20 dez. 2018.

A expansão dos parágrafos

(@tenção!) Em cada um dos parágrafos, a ideia principal é expandida por outras ideias secundárias. Observe como elas ocorrem no primeiro parágrafo depois da ideia principal:

Há algumas décadas comecei a me surpreender com a informação de que pessoas importantes, bem-sucedidas e famosas não possuíam curso superior. No início, elas não divulgavam abertamente essa falta de escolaridade. Como alunos particulares, entretanto, confidenciavam que não haviam concluído e, em alguns casos, nem frequentado uma faculdade.

Sem dúvida, trata-se do parágrafo introdutório do texto. Após afirmar que

> Há algumas décadas comecei a me surpreender com a informação de que pessoas importantes, bem-sucedidas e famosas não possuíam curso superior,

o emissor desenvolve o parágrafo com uma ideia oposta, utilizando a negativa e, a seguir, o elemento coesivo **entretanto**:

> No início, elas não divulgavam abertamente essa falta de escolaridade. Como alunos particulares, **entretanto**, confidenciavam que não haviam concluído e, em alguns casos, nem frequentado uma faculdade.

No segundo parágrafo, continua a falar dos que não têm curso superior, usando uma frase similar na introdução do parágrafo:

> **A fila dos sem diploma é longa.** Nesse rol desfilaram pelas minhas aulas presidentes de instituições como a Bolsa de valores, Febraban, bancos, grandes construtoras e empresas de tecnologia. Eu me ative ao cargo de presidente só para mencionar aqueles que atingiram as posições profissionais mais elevadas. Se considerarmos a turma do andar de baixo, aí perdemos a conta.

E expande a ideia principal do parágrafo mencionando presidentes de grandes instituições.

Como o emissor (o autor) domina as regras para escrever um bom texto, continua a elaborar seus parágrafos com uma ideia principal, desenvolve-os com ideias secundárias e os encadeia com elementos coesivos adequados.

A constituição do parágrafo

Geralmente o parágrafo (assim como o texto) tem três partes: a **introdução**, o **desenvolvimento** e a **conclusão**. É na introdução do parágrafo que aparece, na maioria das vezes, a sua ideia principal, em forma de uma declaração, como ocorre em vários exemplos do texto. Mas, algumas vezes, a ideia principal pode ocorrer depois de uma interrogação ou como elemento da própria interrogação:

> Por que esconder o fato de não terem concluído um curso superior, se **alguns que brilharam na ponta da pirâmide das maiores empresas mundiais estavam na mesma condição**? Entre eles, Steve Jobs, Mark Zuckerberg, Julian Assange, Bill Gates, Michael Dell e mais uma infinidade de profissionais do mesmo naipe.

A ideia principal pode vir também dentro de um depoimento (testemunho autorizado), como acontece neste exemplo:

> Carlos Alberto Júlio, CEO da Digital House, empresa especializada no preparo de profissionais para a área de tecnologia, disse que **a quase totalidade dos alunos que frequentam seus cursos termina o treinamento já empregados, independentemente de terem ou não curso superior.**

Agora, observe o uso de uma frase na ordem indireta, no último parágrafo, para encadeá-lo com os anteriores:

> Devido ao aparecimento vertiginoso de novas tecnologias, da mudança sem precedente na cultura, nos valores e nas necessidades de um mundo que parte para um futuro com perfis inimagináveis, **a comunicação verbal se apresenta como o grande vetor que permeia esse momento tão desafiador.**

Se a ideia principal tivesse iniciado o parágrafo, o desfecho "não amarraria" todas as ideias que o autor apresentou em seu texto. Veja como perderia a força:

> A comunicação verbal se apresenta como o grande vetor que permeia esse momento tão desafiador. Devido ao aparecimento vertiginoso de novas tecnologias, da mudança sem precedente na cultura, nos valores e nas necessidades de um mundo que parte para um futuro com perfis inimagináveis.

A contribuição do parágrafo para o entendimento do texto

Como dissemos, o parágrafo bem constituído traz sempre uma ideia principal, fundamentada por outras chamadas secundárias. Se você detectar a ideia principal de cada parágrafo, poderá ter as ideias principais do texto todo, compreendê-lo e interpretá-lo.

Estruturando o texto com parágrafos bem construídos

A estrutura tradicional do texto sempre traz três partes bem delimitadas: a **introdução**, o **desenvolvimento** e a **conclusão**. Os parágrafos, por sua vez, vão constituir essas partes.
No texto que estamos analisando (VOLTE A ELE), o primeiro parágrafo (1) constitui a introdução; os demais (2, 3, 4, 5, 6, 7, 8, 9, 10, 11 e 12), o desenvolvimento; o último (13), a conclusão.[23]

---

[23] No texto original há mais parágrafos, que omitimos aqui. Para fins didáticos, estamos considerando este último como conclusão.

Encadeamento dos parágrafos

A sucessão de um parágrafo ao outro pode se dar por elementos repetidos ou similares, ou, ainda, por conectores apropriados, como veremos mais adiante.

No texto que estamos analisando, o encadeamento se dá por elementos repetidos ou similares. Observe alguns deles **(para facilitar, nós os colocamos em negrito):**

> Há algumas décadas comecei a me surpreender com a informação de que pessoas importantes, bem-sucedidas e famosas **não possuíam curso superior.**
> ↑
> **A fila dos sem diploma é longa.** Nesse rol desfilaram pelas minhas aulas **presidentes de instituições** [...]
> ↑
> Com o tempo, **esses mesmos profissionais** se sentiram mais à vontade para revelar abertamente **essa falta de formação acadêmica** [...]
> ↑
> Por que esconder o fato **de não terem concluído um curso superior**, se alguns que brilharam na ponta da pirâmide das maiores empresas mundiais estavam na mesma condição?
> ↑
> **Cursar uma faculdade**, porém, continua sendo requisito importante para

o sucesso profissional. [...] Para ingressar em **algumas empresas**, não basta apenas ter curso superior; elas exigem também que seus profissionais tenham frequentado pós-graduação, de preferência no exterior.

↑

Tudo isso é verdade. Só que, de alguns anos para cá, **algumas empresas, especialmente na área de tecnologia**, não estão olhando com tanto interesse para o fato de os profissionais possuírem ou não curso superior.

↑

Essas empresas julgam que se o profissional desenvolveu em outras organizações habilidades de qualidade [...] bem-vindo ao clube.

↑

Esse fenômeno, todavia, parece estar mais restrito às <u>**empresas de tecnologia**</u>, devido principalmente à escassez de mão de obra.

↑

Carlos Alberto Júlio, CEO da Digital House, <u>**empresa especializada no preparo de profissionais para a área de tecnologia**</u>, disse que a quase totalidade dos alunos que frequentam seus cursos [...] são preparados para exercer imediatamente funções na área da tecnologia [...].

Posicionamento do emissor

Já falamos da intencionalidade do texto. Da forma como o emissor explicita ou não o que pretende transmitir. Entre as diferentes possibilidades de marcar sua intencionalidade, há termos que deixam claro o seu posicionamento em relação ao que está expondo. No texto em análise, além da primeira pessoa, que marca o posicionamento do emissor, há passagens que ressaltam a importância do ensino superior:

> **Cursar uma faculdade, porém, continua sendo requisito importante para o sucesso profissional.** Estudos recentes mostram que os profissionais com formação escolar superior chegam a ganhar salários duas, três, até cinco vezes mais altos aos daqueles que não estudaram. Para ingressar em algumas empresas, não basta apenas ter curso superior; elas exigem também que seus profissionais tenham frequentado pós-graduação, de preferência no exterior.

Evite achismos

Como o texto mostra, você pode marcar seu posicionamento em relação a determinado tema sem utilizar as expressões **eu acho, pra mim, não concordo, sou contra**... e outras semelhantes.

Essas expressões podem indicar seu pouco conhecimento a respeito do assunto, principalmente se o texto em questão for avaliar sua capacidade de argumentação.

Atenha-se ao tema

Sempre que estiver desenvolvendo um parágrafo ou mais, atenha-se ao tema, ao assunto. Não divague.

Observe também se as frases que constituem o parágrafo estão claras, se há concordância entre os termos, se os verbos estão bem empregados, se os complementos vêm com a preposição adequada.

#Resumindo

O parágrafo é uma unidade de composição que permite transmitir a ideia principal a respeito de determinado assunto e desenvolvê-la com outras ideias chamadas secundárias.

Um texto pode ter vários parágrafos. Eles são articulados por termos que mantêm a coesão e a coerência das ideias.

Quando um texto é constituído de bons parágrafos, fica fácil detectar suas ideias principais, para entendê-lo e interpretá-lo.

#SEUespaço

_____

_____

_____

_____

_____

_____

_____

_____

_____

_____

_____

9
A CONSTRUÇÃO E A QUALIDADE DAS FRASES

Nesta terceira parte do livro, partimos da unidade maior – o texto –, abordamos suas partes, os parágrafos, e agora vamos para as frases.

Partimos do texto para chegar às unidades menores porque é sempre por textos que se dá a nossa comunicação, qualquer que seja a linguagem utilizada.

Quer seja na linguagem oral, quer seja na linguagem escrita, é sempre bom darmos uma atenção especial para as frases, porque, na maioria das vezes, é dentro delas que se dá a concordância, o uso da vírgula, entre outros sinais de pontuação.

Frases na ordem direta e indireta:

A ordem de colocação dos termos na frase ocorre, na maioria das vezes, de forma direta, com **sujeito + verbo + complemento**:

<u>As mulheres</u>   <u>começaram a ter</u>   <u>direito</u>   <u>a voto</u>   <u>no Brasil</u>   <u>em 1932</u>.
  sujeito   verbo   compl.   compl.   lugar   data

Nesse exemplo, além do sujeito, do verbo e dos complementos, aparecem também o lugar e a data.

Observe que, na frase, a ênfase está sendo dada a **mulheres**. O sujeito, aqui, tem o lugar de maior importância.

Contudo, dependendo da intenção do emissor, essa ordem pode ser invertida, ou seja, a frase pode se tornar indireta. Veja:

a) No Brasil, as mulheres começaram a ter direito a voto em 1932.

> Aqui a intenção foi enfatizar o país. É como se houvesse outros países em que o direito ao voto feminino se deu em outra data.

b) Direito a voto as mulheres começaram a ter no Brasil em 1932.

> Nesse caso, o que se evidencia é o direito a voto.

c) Em 1932, as mulheres começaram a ter direito a voto no Brasil.

> Já nesse exemplo, a valorização é para a data.

No texto, essas inversões costumam vir em decorrência do que foi dito antes. Observe a inversão neste parágrafo:

> Ainda que se dissesse que o corpo tem sua cultura, ou que a cultura – tal como a economia ou a política – é uma lente através da qual podemos enxergar o movimento dos corpos, tudo isso permaneceria silencioso. Até que uma **palavra fosse pronunciada**. Contudo, antes que **a palavra seja pronunciada**, antes que a elevemos ao nível do simbólico, é preciso um corpo-falante, um corpo-discurso. Corpo prévio a todo discurso, porque o discurso é obra – poética – do corpo-falando.[24]

Se a frase fosse escrita na ordem direta, teríamos:

> [...] Contudo, é preciso um corpo-falante, um corpo-discurso, antes que **a palavra seja pronunciada**, antes que a elevemos ao nível do simbólico.

Mas daí haveria um distanciamento entre os termos que aparecem em negrito no original, quebrando o encadeamento do texto.

Muitas vezes a inversão não é só uma questão de ênfase, mas um recurso para o sentido da frase. Numa chamada de uma matéria na web estava escrito:

Retrato inédito de Da Vinci feito entre 1517 e 1518 é achado.

A frase na ordem direta passa a ideia de que o retrato estava sendo procurado, e não que foi achado por acaso.

---

24 ALMEIDA, 2001, p. 27, grifos nossos.

A ideia de "ser descoberto" por acaso seria transmitida se a chamada fosse:

Achado retrato inédito de Da Vinci feito entre 1517 e 1518.

@tenção! Lembre-se: é muito importante, sempre que **produzir uma frase indireta, observar a concordância** de um termo com o outro.

Qualidades gerais da frase

Além da concordância, como já dissemos – e agora enfatizamos –, outros aspectos gramaticais devem ser levados em conta na hora de construir uma frase, como a pontuação, o uso do acento indicativo de crase, a colocação dos termos na oração, especialmente os pronomes, entre outros. Nós os veremos no TOP FIVE, última parte do livro. Mas já pode consultá-lo, se estiver escrevendo algum texto neste momento e precisar de algumas dicas gramaticais...

Agora, vamos tratar de duas qualidades muito importantes para a frase: **clareza** e **paralelismo**.

• Clareza

Quantas vezes você já não interrompeu a leitura de um texto por não ter entendido direito o que determinada frase quis dizer? Como esta, por exemplo:

> Viajando pelo Nordeste do Brasil, objetivando conhecer melhor a realidade brasileira, sanitaristas foram se deparando urgentemente com situações de saneamento básico, de higiene e limpeza nos lugares e nas casas deploráveis, que merecem atenção das autoridades que são responsáveis pela Educação e a Saúde, para que o povo viva em melhores condições e não seja necessário lhe ensinar noções de higiene e de limpeza.

Com certeza você a leu novamente para verificar se não deixou passar algo importante.

> Na verdade, você não a compreendeu de imediato porque ela é extremamente longa e aparece na ordem indireta. Por estar mal construída, o leitor perde a noção do que o autor pretende dizer. Além disso, o Nordeste é uma região do Brasil, por isso não cabe falar em realidade brasileira.

Melhor dividir o bloco em mais frases e reescrevê-las na ordem direta:

> Sanitaristas viajaram pelo Nordeste do Brasil, objetivando conhecer melhor a realidade da região.

> Depararam com situações de extrema pobreza, de analfabetismo, de falta de saneamento básico e mesmo de falta de higiene nos lugarejos e nas residências.

> Chegaram à conclusão de que o povo necessita urgentemente de assistência no que diz respeito a saneamento, higiene e limpeza.
>
> Relataram que é necessário maior atenção das autoridades responsáveis pela Educação e pela Saúde, para que o povo viva em melhores condições.

Outro exemplo de frase mal construída:

> Por favor encaminhe o resultado das vendas nesse mês com isso já saberemos como está o *ranking* dos vendedores referente a campanha de vendas que iniciamos no dia 6 de julho de 2018, e assim teremos ideia de como estão as vendas com a sua equipe.

Observe que a frase está extremamente repetitiva e que a falta de pontuação impede sua compreensão.

Podemos reescrevê-la da seguinte forma:

> Por favor, encaminhe-nos o resultado das vendas deste mês, para conhecermos a posição dos vendedores no *ranking* da campanha iniciada no dia 6 de julho de 2018 e sabermos como estão as vendas da sua equipe.

Mais um exemplo de falta de clareza:

> Célia, nessa ata na página 3, tem o consumo típico de gás de cada morador do condomínio veja como pode encaminhar cópia para o síndico em sua necessidade no dia a dia consultar.

Provavelmente, o autor quis dizer:

> Célia, na página 3 desta ata está o consumo médio de gás de cada morador do condomínio. Encaminhe uma cópia para o síndico, para que ele possa consultá-la no dia a dia, caso tenha necessidade.

Alguns aspectos que impedem a clareza:

- Frases muito longas, com termos repetidos.
- Uso excessivo do gerúndio.
- Falta de pontuação ou pontuação inadequada.

• Paralelismo

Como o próprio nome diz, paralelismo é um recurso para deixar as ideias em paralelo.

Obtém-se o **paralelismo sintático** utilizando-se termos da mesma natureza:

> Aqui há salas para médicos, **advogados**, **psicólogos** (todos os termos em negrito são substantivos referentes aos profissionais).

Haverá quebra de paralelismo se a frase for construída desta forma:

> Aqui há salas para médicos, advogados, **psicologia** (psicologia se refere à área de atuação do profissional, e não ao profissional).

Veja outro exemplo de paralelismo.

No próximo ano a empresa pretende:

- Adquirir equipamentos mais modernos
- Ampliar o refeitório
- Aumentar o número de colaboradores
- Exportar para a Ásia

Agora veja como o bom uso do imperativo manteve o paralelismo no texto "Como impressionar os seus professores em uma universidade no exterior":

"Ao fazer suas leituras prévias, **anote** sua opinião e as suas dúvidas sobre o tema e certifique-se de as expor em momentos adequados durante a aula:

Levante sempre a sua mão antes de falar em sala de aula e **evite** cortar o raciocínio do seu professor enquanto ele estiver falando, a não ser que ele dê permissão explícita aos alunos para participar a qualquer momento;

Participe de atividades em sala de aula e se voluntarie caso o professor peça a ajuda de alguém;

Demonstre interesse – nada de dormir em sala de aula, ficar mexendo no celular, conversando com o colega ou saindo da sala no meio da aula;

Não **tenha** receio de responder a uma pergunta do professor, principalmente se você souber a resposta;

Procure conhecer o trabalho do seu professor além das salas de aulas: suas pesquisas já publicadas, áreas de especialização e em quais empresas ele já trabalhou. Além de demonstrar interesse, você aproveita ao máximo os conhecimentos que ele tem para lhe transmitir".[25]

Todos os esclarecimentos que apresentamos nesta terceira parte vão ajudar você na redação de textos para diferentes finalidades e também contribuir para a produção de conteúdo para a *web*.

---

25 Disponível em: <https://vestibular.brasilescola.uol.com.br/estudar-no-exterior/como-impressionar-os-seus-professores-uma-universidade-no-exterior.htm>. Acesso em: 2 jan. 2018.

QUARTA PARTE
PRODUÇÃO DE CONTEÚDO

10
ENVOLVIMENTO DOS RECEPTORES

Nas unidades anteriores, tratamos do processo da comunicação e enfatizamos a construção do texto pelo emissor, apresentando suas características fundamentais. Nesta quarta parte, abordaremos técnicas eficazes para a redação de conteúdo digital que permitam ao emissor atrair seu público, estimulando a interatividade no seu canal de comunicação, caso seu interesse seja mais profissional.

O RECEPTOR É O ELEMENTO-CHAVE DO PROCESSO DE COMUNICAÇÃO.

Com esse princípio em mente, o emissor da era digital procura, antes de tudo, conhecer profundamente aquele com quem deseja se comunicar. Só assim poderá elaborar estratégias que facilitem a compreensão da mensagem e gerem o efetivo engajamento do receptor.

E COMO CRIAR TAIS ESTRATÉGIAS?

É O QUE VOCÊ DEVE ESTAR PENSANDO...

Nesta unidade e na próxima, você poderá ver – ou rever – as quatro etapas principais para garantir a criação da mensagem eficaz e interativa, em especial para a *web*.

1. **Targeting** – estudo aprofundado do público-alvo com diferentes metodologias de pesquisas e identificação de pontos de conexão entre subgrupos, utilizando o Mapa da Empatia, que tem o objetivo de reunir o máximo de informações demográficas, geográficas, psicológicas e comportamentais sobre o *target*.

2. **Persona** – um personagem de *avatar* desenvolvido a partir dos dados coletados na etapa Targeting, que subdivide esse público, cria perfis de subgrupos, faz a correlação com arquétipos, aplicando a técnica da bricolagem criativa e da Persona Canvas.

3. **Universo Temático** – compreensão do repertório da persona para definição de temas, palavras-chave, hashtags a serem aplicadas em *frameworks*, que ajudarão a delimitar o propósito e o plano editorial de um canal de comunicação.

4. **AIDA** – Atenção, Interesse, Desejo e Ação – conjunto funcional de estratégias da mensagem criada, que, quando bem aplicado, permite uma produção de conteúdo mais assertiva em relação ao propósito/intencionalidade do emissor.

Etapa 1 – *Targeting*

PÚBLICO-ALVO
(EM INGLÊS: TARGETING)/

RECEPTOR/ LEITOR/
VISITANTE DA PÁGINA/

USUÁRIO DA PLATAFORMA
SEGUIDOR DO CANAL

VÁRIOS NOMES PARA
REFERIR-SE AO ELEMENTO-CHAVE DA COMUNICAÇÃO/
ALVO DO CONTEÚDO DIGITAL

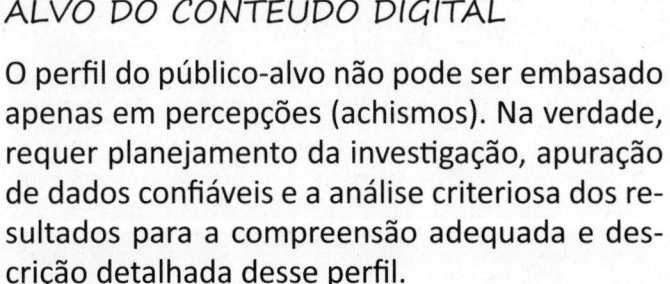

O perfil do público-alvo não pode ser embasado apenas em percepções (achismos). Na verdade, requer planejamento da investigação, apuração de dados confiáveis e a análise criteriosa dos resultados para a compreensão adequada e descrição detalhada desse perfil.

INICIANDO NA PRÁTICA A ETAPA TARGETING...

PESQUISA E ANÁLISE DE DADOS

Para mapear o perfil demográfico e geográfico do *target*, podem ser adotadas pesquisas quantitativas de fonte secundária (metodologia em que se estudam relatórios prontos das principais tendências, geralmente desenvolvidos por institutos de pesquisa renomados).

No entanto, também será essencial a coleta direta, em fonte primária (com o público-alvo), de dados qualitativos ou mistos (qualitativos e quantitativos). Assim, poderemos aprofundar os dados para investigar características marcantes da personalidade dele.

Há outros métodos mais complexos de pesquisa, como a etnográfica e a netnográfica (desde que conte com o apoio de especialistas). Em geral, esses métodos fazem uma imersão cultural, em que o pesquisador assume o papel de observador participante, convivendo o mais próximo possível com o sujeito pesquisado.

Para tanto, deve-se seguir uma série de critérios fundamentais, tanto na fase de coleta de dados quanto na análise final dos resultados.

Pesquisa Secundária
Investigação indireta
Analisada por terceiros

✓ Dados demográficos: faixa etária, classe social, sexo, gênero, ocupação, estado civil, composição familiar, etc.

✓ Dados geográficos: locais e regiões (em que vive ou que frequenta, até os que sonha conhecer), além de clima e outras variáveis do ambiente físico ou virtual.

✓ Dados psicológicos: estilo de vida, crenças e valores morais, personalidade, atitudes do indivíduo, agentes de mudanças, etc.

✓ Dados comportamentais: modos de pensar e de agir em determinadas situações ou no convívio social com grupos específicos.

Pesquisa Primária Etnográfica
Investigação direta
Aprofundamento com análise do observador

Na pesquisa de campo (com fonte primária), você deverá executar bem as etapas (planejamento, coleta, tratamento, análise de dados e apresentação dos resultados). Assim, provavelmente, recorrerá a procedimentos metodológicos para:

- Definir o campo e o tipo de pesquisa – o que, como e onde será aplicada a pesquisa. Por exemplo, o ambiente será controlado (em um laboratório), ou não (na rua).

- Determinar a amostra (a quantidade), considerando a probabilidade estatística necessária para representar seu universo (total do público pesquisado) com pouca margem de erro.

- Criar um questionário ou roteiro semiestruturado para entrevistas, com perguntas abertas (para livre resposta do entrevistado), fechadas (escolhas dicotômicas – sim/não, por exemplo – ou múltiplas de opções únicas ou em escalas) e semiabertas (com opções a clicar ou campo aberto para preencher).

- Elaborar perguntas filtros (que esclarecem o perfil básico do entrevistado) e também de verificação (que validam a boa-fé do entrevistado em responder o questionário).

- Observar grupos e subgrupos em contextos específicos com imersão em *blogs* e em mídias sociais (comum ao método netnográfico).

- Analisar discurso/conteúdo digital das interações nos meios de comunicação.

> Além de tudo isso, você precisará estudar teóricos clássicos e contemporâneos, como: Bardin, Bauer, Geertz, Kozinets, etc. Solicitar orientações de profissionais das áreas de Antropologia, Psicologia, Sociologia, Comunicação, Estatísticas, entre outras afins. Ou ainda contratar um instituto de pesquisa renomado, para, de fato, conseguir aplicar procedimentos metodológicos tão complexos e garantir um resultado confiável do perfil do seu *target*. Estude bem antes de fazer!
>
> #SuperDica

CONCLUINDO A ETAPA TARGETING...

MAPA DA EMPATIA

Após a pesquisa e a análise do perfil do público, sugerimos subdividir o target em clusters (perfis subsegmentados), definindo por características comuns ao cluster. Para isso, você pode utilizar a ferramenta visual conhecida como Mapa da Empatia.

Criada por Scott Mattews e adaptada por Dave Gray, o Mapa da Empatia é uma metodologia ágil para registar as necessidades, anseios, repertórios e características da personalidade do *target*[26]. Afinal, com este recurso visual com os dados do público-alvo fica mais fácil encontrar pontos de interesses comuns ou semelhanças entre um receptor e outro para a efetiva clusterização (segmentação).

---

26 Segundo Branco, Leite e Júnior (2016).

No desenho do mapa, dividido em dimensões (pensamentos/sentimentos, frustrações/conquistas, mais aquilo que escuta/vê ou fala/faz), você deverá destacar os principais dados analisados na pesquisa.

Para isso, copie frases, expressões e palavras mais repetidas nas interações daqueles que são os sujeitos da pesquisa. Retire das respostas das entrevistas, dos relatórios de pesquisa secundária e/ou de conteúdos midiáticos que foram analisados. Mas faça uma mistura bem variada de pessoas diferentes com o perfil do público-alvo clusterizado, para garantir maior diversidade de opiniões.

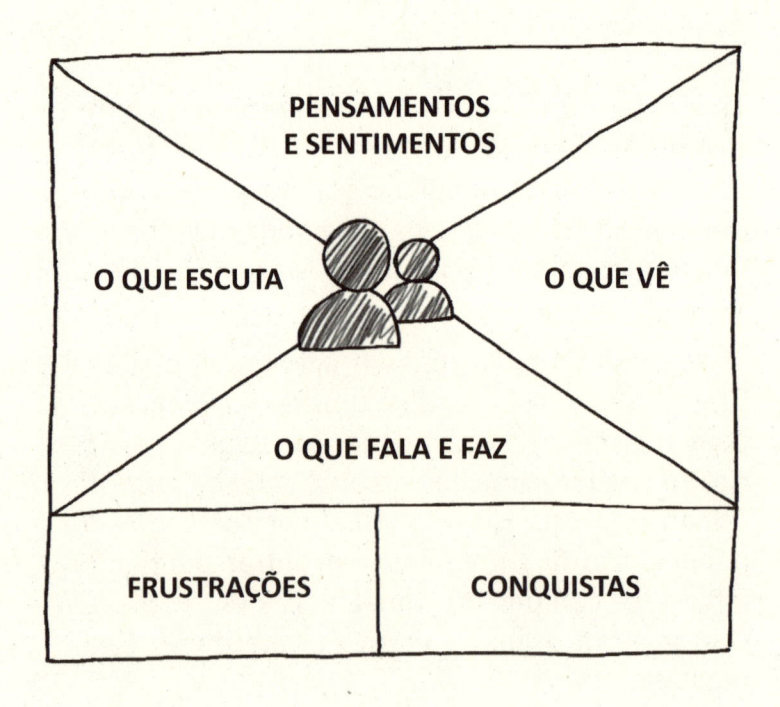

Etapa 2 – Persona

De acordo com o *Dicionário Etimológico da Língua Portuguesa*, de Silveira Bueno (1974), a palavra persona provém do etrusco *"phersu"* (máscara). Depois, no latim, ganhou uma conotação mais específica - máscara teatral –, que não só concedia ao ator a caracterização necessária para sua atuação (personagem) como também contribuía para projetar a voz, fazendo as vezes de alto-falante.[27]

Essa origem do termo permitiu que Jung (2008, p.151) fundamentasse a ideia de máscara da psique:

> A palavra persona é realmente uma expressão muito apropriada, porquanto designava originalmente a máscara usada pelo ator, assinalando o papel que ia desempenhar na peça [...]. Como seu nome revela, ela é uma simples máscara da psique coletiva, máscara que aparenta uma individualidade, procurando convencer aos outros e a si mesma que é uma individualidade, quando na realidade não passa de um papel ou desempenho através do qual fala a psique coletiva.

Para Jung (2008), essas personas do espetáculo

---

[27] De acordo com o *Vocabulário Etimológico Básico do Acadêmico de Letras*, de Porteila (1984).

social estão bem definidas no inconsciente coletivo como arquétipos, que transmitem suas vivências de geração para geração, mas que também podem ser modificadas rumo à individuação (à lapidação do *"self"*, do próprio ser).

Na era digital, esses significados se reforçaram. A persona tornou-se um recurso para compreender o indivíduo, que se apresenta ao mundo externo (no palco da vida) com sua identidade diferente do seu eu mais íntimo (*self* interior).

INICIANDO A SEGUNDA ETAPA
PERSONA...

ARQUÉTIPOS

Ao contrário de um estereótipo (imagem preconceituosa, que julga e define padrões sociais normais em oposição aos anormais), **o arquétipo tem características facilmente imitadas por outras pessoas, consiste em comportamentos frequentes de um determinado perfil social, que está inserido na consciência coletiva.**

A criação da persona é embasada em arquétipos. Existem dezenas de arquétipos conhecidos e profundamente estudados por teóricos/analistas, como: o herói, a mãe, o pai, o temperamental, o sonhador, o adolescente rebelde, entre vários outros. (SE PENSAR UM POUCO EM CADA UM DOS ARQUÉTIPOS CITADOS, VOCÊ FACILMENTE CONSEGUIRÁ DESCREVER COMPORTAMENTOS COMUNS DELES.)

Os apresentados na figura a seguir são inpirados no livro *O herói e o fora da lei*, de M.Mark e C.S. Pearson (2003).

O AFETUOSO
Meta: **encantar**
Estratégia: **surpreender**
Anseio: **perder o vínculo**

O CRIATIVO
Meta: **ser original**
Estratégia: **ter muitas ideias**
Anseio: **perder a ousadia**

O INGÊNUO
Meta: **ser feliz**
Estratégia: **ser sincero**
Anseio: **cometer erros**

O COMEDIANTE
Meta: **alegrar**
Estratégia: **ser engraçado**
Anseio: **dramatizar**

O PROTETOR
Meta: **melhorar o mundo**
Estratégia: **manter sua força e princípios**
Anseio: **enfraquecer**

O SÁBIO
Meta: **descobrir**
Estratégia: **aprender**
Anseio: **enganar-se**

O REBELDE
Meta: **contrariar**
Estratégia: **fugir do comum**
Anseio: **aproveitar pouco**

O LÍDER
Meta: **governar**
Estratégia: **demonstrar autoridade**
Anseio: **não ter controle**

O AVENTUREIRO
Meta: **explorar**
Estratégia: **manter a curiosidade**
Anseio: **aprisionar-se**

O INTUITIVO
Meta: **realizar**
Estratégia: **abusar dos sentidos**
Anseio: **enfrentar as consequências**

O PRESTATIVO
Meta: **ajudar alguém**
Estratégia: **ser observador e solícito**
Anseio: **tornar-se egoísta**

O COMUM
Meta: **conectar-se**
Estratégia: **esconder-se na multidão**
Anseio: **destacar-se**

#AgoraVC

Escolha um dos arquétipos citados, com que você também se identifique (que tem algo em comum com o seu perfil social). Procure descrever seus comportamentos mais comuns/ repetidos. Mas cuidado para não cair na armadilha preconceituosa dos estereótipos (que são julgamentos e não descrições).

_____

_____

_____

_____

_____

_____

_____

_____

_____

_____

CONTINUANDO A SEGUNDA ETAPA...
BRICOLAGEM CRIATIVA

Bricolagem é a técnica criativa de desenvolver algo a partir de recortes de outros elementos.

Esta etapa funcionará como uma **técnica de redação para descrição da persona,** considerando diferentes contextos e gerando um grande mosaico de informações do *target*.

Na bricolagem, você apontará os principais dados de diferentes pessoas reais, que pertencem ao *cluster* mapeado, inspirando a criação da persona (personagem da vida real).

Com a técnica da bricolagem, você construirá um "avatar" (com foto ou ilustração representativa da persona), descrevendo suas características demográficas e geográficas, seu perfil psicológico e comportamental. Além de apresentar suas habilidades tecnológicas, enfatizar seu repertório com frases/lemas típicos e destacar suas fortalezas, valores, crenças, sonhos, desafios, habilidades, conhecimentos, frustrações e anseios.

@tenção!

Existem sites que geram personas com formulários-padrão para coletar dados básicos do público. Mas cuidado! A maioria tem foco estritamente mercadológico e pode não atender a sua necessidade específica. O importante é traçar suas próprias escolhas do que é ou não relevante em relação à persona.

CONCLUINDO A SEGUNDA ETAPA...
PERSONA CANVAS

Canvas é outra metodologia ágil de planejamento, que consiste em um painel visual para sintetizar informações norteadoras dos processos criativos. Muito utilizada para incentivar e reunir as contribuições/ ideias de uma equipe de trabalho.

A proposta a seguir é inspirada no *Business Model Canvas,* de Alexander Osterwalder[28], uma ferramenta de plano de negócio adaptada às necessidades do descritivo da persona.

A proposta de uso Persona Canvas consiste em definir estratégicas de comunicação adequadas ao propósito do canal com identificação do público. Assim, antes de preenchê-lo, você precisará analisar bem os dados pesquisados e encontrar os elementos mais semelhantes do cluster (etapa1). Depois, usar o persona Canvas para sintetizar essas opções estratégicas.

---

28 Disponível em: <https://strategyzer.com/canvas/business-model-canvas>. Acesso em: 24 jan.2019.

Nome Persona

Idade, gênero, estado civil e estrutura familiar, etc.

Formação, profissão/ocupação, renda, etc.

Nacionalidade, residência atual (cidade e estado), região de trabalho/estudo, etc.

Arquétipo(s) e outras características, frase/lema.

Personalidade

Racional/Emotivo

Sensitivo/Intuitivo

Planejador/Espontâneo

Introvertido/Extrovertido

Necessidades, anseios, conquistas, frustrações.

Sonhos, motivações, interesses, repertório artístico-cultural, etc.

Palavras-chave e *drivers* (gatilhos mentais).

Tecnologias, dispositivos, comunidades e mídias.

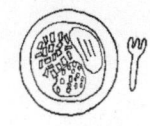

Para completar todos os *post-its* da figura sugerida, além do mapeamento feito até esta etapa, você precisará incluir a descrição do universo temático de palavras-chave e gatilhos mentais (*drivers*), que serão apresentados na próxima unidade.

> O trabalho da persona não termina quando se preenche o Canvas. Será necessário dar continuidade à pesquisa do *target*, acompanhando possíveis mudanças de comportamento. Se algo mudou ou houve falha na sua descrição, é hora de rever a Persona Canvas e reformulá-la.
>
> **#SuperDica**

(@tenção!) Um ponto crucial está em não criar muitas personas para um mesmo público. Segmentar demais tornará a técnica de mapeamento complexa e inviável, principalmente na etapa de monitoramento dos perfis.

#Resumindo

Embasada em dados pesquisados do público-alvo (Etapa *Targeting*), a persona é um personagem da vida real, que constrói seu *avatar* e descreve detalhadamente seu perfil, seu repertório e principais interesses (Etapa Persona), a partir de uma mistura de partes reais do seu *cluster* (subgrupo-alvo segmentado).

Diferentemente do *target*, a persona é representada por características marcantes de um determinado arquétipo (um conjunto de comportamentos sociais imitáveis). E a sua história de vida é construída usando a técnica da bricolagem (recortes/colagens das histórias reais, frases, palavras-chave, expressões mais repetidas entre as diversas pessoas pesquisadas).

A diferença básica entre persona e *target* está em como traçar o perfil. Na definição do *target*, usamos uma descrição objetiva das principais características do público-alvo (demográficas, geográficas, psicológicas e comportamentais). Já para a descrição da persona, usamos recursos mais subjetivos, como a criação de uma identidade fictícia a partir da mistura de elementos variados de diferentes integrantes do grupo "clusterizado".

> A SEGUIR UM EXEMPLO PRÁTICO DE PÚBLICO E OUTRO DE PERSONA DESENHADA EM CANVAS, QUE UTILIZOU A TÉCNICA DE BRICOLAGEM NA SUA REDAÇÃO.

> ESTES EXEMPLOS SERVIRÃO DE EMBASAMENTO PARA OUTRAS APLICAÇÕES PRÁTICAS NAS PRÓXIMAS UNIDADES.

Exemplo prático de público

Vamos pensar em um público-alvo para uma revista, a *Sou Empreendedora*.

A maioria mulheres, de 20 a 30 anos, classes B e C, solteiras e recém-casadas, sendo uma pequena parcela com um ou dois filhos, residentes em São Paulo Capital e no Grande ABCD.

Independentes, fortes, ousadas, corajosas, conscientes dos seus direitos e deveres sociais.

Estão cursando ou concluindo a graduação. Atuam como microempreendedoras e profissionais liberais.

@tenção!

O exemplo acima do público da revista fictícia não apresenta o modelo ideal de descrição de perfil de público. Em um caso real, deveria ser muito mais detalhado e aprofundado com os dados extraídos de ampla pesquisa, como vimos anteriormente.

Agora veja o exemplo prático de persona desenhada em Canvas.

JENNIFER RAMOS

24 anos, feminino, solteira.

Estudante do 2º ano do Curso de Comunicação da faculdade XPTO de SP. É estagiária em uma agência, atua com *freelas* de fotografia nos fins de semana. Tudo para bancar a faculdade. Tem renda média de 3 salários mínimos.

Brasileira, paulista mora em São Bernado do Campo com os pais e os dois irmãos mais jovens. Frequenta a região da Grande SP.

Antenada
Ativista
Independente
Descolada

A sorte se deixa vencer mais pelos audaciosos do que pelos prudentes.
Maquiavel.

Personalidade

Muito mais **emotiva** do que racional

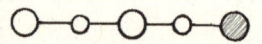

Mais **sensitiva** do que intuitiva

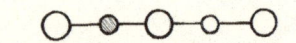

Muito mais **espontânea** do que planejadora

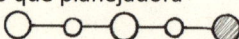

Muito **extrovertida** do que introvertida

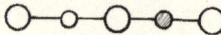

ENVOLVIMENTO DOS RECEPTORES 169

Deseja curtir a vida com liberdade e originalidade. Adora viajar e mergulhar em novas culturas.

Muito comunicativa nas mídias sociais. Celular para quase tudo. Estuda por vídeos e realiza muitas pesquisas por voz.

Ativismo digital; protestos; defesa; sem preconceito; diversidade; direitos humanos; direitos sociais; cidadania; sustentabilidade; animais; natureza; artistas; artes; movimentos culturais; cultura; comunicação; amigos; balada; festa; descoberta; aventura; viagem; viajar; aprendizado; cursos rápidos.

Ativista de causas (diversidade, pets, meio ambiente, injustiças cotidianas, etc.)

11
O UNIVERSO TEMÁTICO DA PERSONA

Para produzir os conteúdos com relevância (de valor percebido pelo receptor), além de conhecer seu *target* profundamente, será necessário delimitar o **universo temático da persona**. Uma técnica criativa que retrata os diversos mundos em que a persona transita, principalmente aqueles que possam conectá-la ao emissor.

Trata-se da análise dos *drivers* e palavras-chave mapeadas da persona, buscando temas comuns entre o emissor e o receptor, definindo seu grau de relevância e domínio.

Etapa 3 – Universo temático

Relembre outros modelos ágeis de planejamento (Canvas Persona e Mapa da Empatia) na unidade anterior.

Para manter o emissor antenado nas necessidades e nos interesses do receptor, o universo temático propõe estruturas (*frameworks* – modelos de organização de ideias) que associam o propósito do canal (ou dos conteúdos em séries) aos temas em alta (pela ótica da persona), garantindo a assertividade em todo o processo de comunicação.

Iniciando de fato a terceira etapa...

Framework temático

O objetivo deste *framework* é apresentar os assuntos dentro dos quadrantes, considerando sua escala de conectividade entre os atores (emissor e receptor).

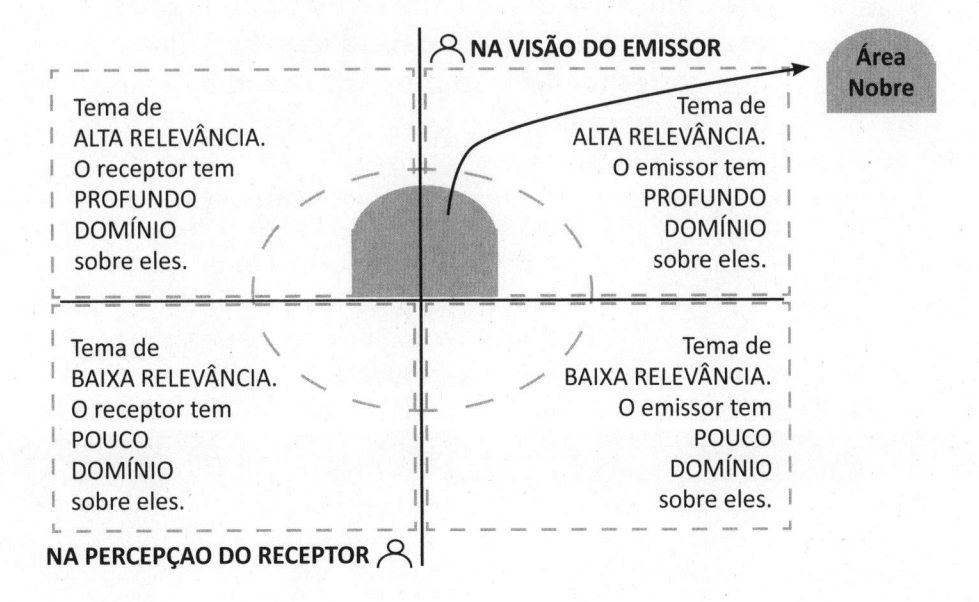

NA VISÃO DO EMISSOR — Área Nobre

Tema de ALTA RELEVÂNCIA. O receptor tem PROFUNDO DOMÍNIO sobre eles.

Tema de ALTA RELEVÂNCIA. O emissor tem PROFUNDO DOMÍNIO sobre eles.

Tema de BAIXA RELEVÂNCIA. O receptor tem POUCO DOMÍNIO sobre eles.

Tema de BAIXA RELEVÂNCIA. O emissor tem POUCO DOMÍNIO sobre eles.

NA PERCEPÇAO DO RECEPTOR

Para entender melhor, observe:

A linha Y (vertical) separa a parte esquerda para o ponto de vista do **emissor**. Enquanto **o lado direito está relacionado ao receptor**. Em ambos se trata da maior ou menor relevância ou do domínio do tema.

A linha X (horizontal) separa a parte superior como a de maior grau de relevância ou domínio do tema. Entanto, **a parte inferior, como menor grau**.

Já a esfera (de linhas pontilhadas) **delimita os temas de conexão entre emissor e receptor,** os interesses comuns que podem aproximá-los no processo de comunicação.

A área nobre (em cinza) **evidencia as principais temáticas** que permitem uma comunicação mais interativa entre emissor e receptor. **Entre esses temas, o emissor deverá escolher aquele que corresponderá ao propósito comunicacional do seu canal.**

@tenção!

O propósito tende a ser alterado com o passar do tempo. Por isso, a importância de manter atualizado cada estudo do *target* e *framework* desenhado para a persona.

Se aplicarmos o *framework* temático na persona Jennifer Ramos, considerando o canal fictício – aquela revista *Sou Empreendedora* e o seu público-alvo –, podemos imaginar uma estrutura como a apresentada a seguir.

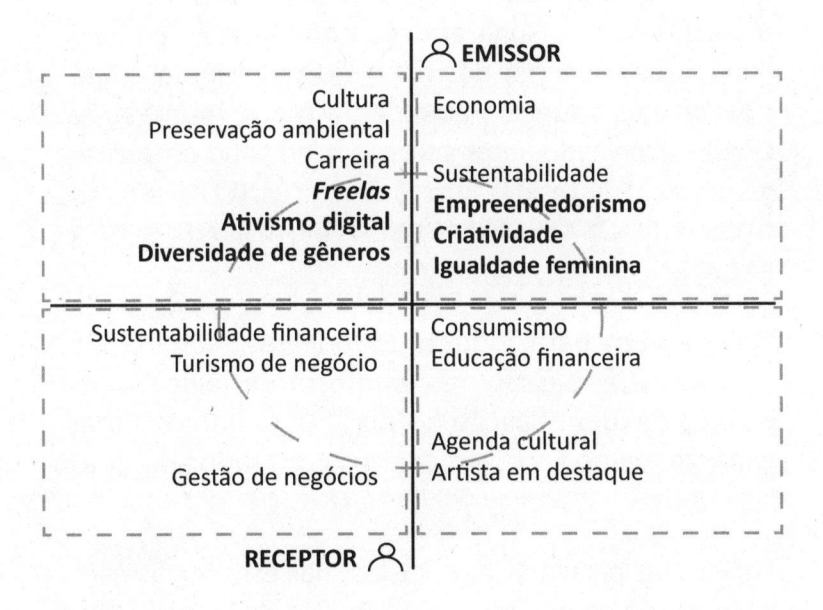

```
                          ⊙ EMISSOR
    ┌───────────────────────┬───────────────────────┐
    │              Cultura  │  Economia             │
    │ Preservação ambiental │                       │
    │              Carreira │  Sustentabilidade     │
    │             *Freelas* │  **Empreendedorismo** │
    │     **Ativismo digital** │ **Criatividade**   │
    │ **Diversidade de gêneros** │ **Igualdade feminina** │
    ├───────────────────────┼───────────────────────┤
    │ Sustentabilidade financeira │ Consumismo      │
    │     Turismo de negócio │  Educação financeira │
    │                       │                       │
    │                       │  Agenda cultural      │
    │    Gestão de negócios │  Artista em destaque  │
    └───────────────────────┴───────────────────────┘
                   RECEPTOR ⊙
```

Enfim, o que está na esfera representaria o universo temático da Jennifer. Em negrito, os temas que mais a conectariam à revista *Sou Empreendedora*.

Portanto, este *framework* tem o objetivo de ressaltar os temas de interesse da persona, destacando aqueles que o emissor domina para a produção de futuros diálogos.

CONTINUANDO A TERCEIRA ETAPA...
Framework DAS PALAVRAS-CHAVE

Keywords **(palavras-chave,** em inglês) são as expressões que as pessoas digitam nos buscadores (Google, Yahoo, etc.) para encontrar páginas na web com o conteúdo que desejam obter. Aquelas extraídas do repertório da persona em sua comunicação cotidiana. Também conhecidas no meio publicitário como **AdWords**, porque são ainda a base dos anúncios de Links Patrocinados que aparecem no topo da busca, geralmente, antes das buscas orgânicas. (CONFIRA NO GLOSSÁRIO OS TERMOS "BUSCA ORGÂNICA E "BUSCA PAGA").

Elas servem para indexar as páginas/ canais nos *rankings* dos buscadores, conforme a lógica algorítmica de identificação do perfil para atingir a real expectativa do receptor com os conteúdos de qualidade.

Por isso, as palavras-chave atuam nas estratégias para despertar a atenção e o interesse do receptor, sendo inseridas nos títulos e nos textos para sinalizar a relevância do conteúdo (COMO VEREMOS NA QUARTA ETAPA – FUNÇÃO AIDA).

Quando alguém está em outra página e há um *hiperlink* direcionando ao seu canal (*link* de entrada), como uma citação indireta, os buscadores pontuam melhor a qualidade do conteúdo. Afinal, a referência evidencia a credibilidade do texto.

Esse *hiperlink* que pode ser do tipo endereço completo: (www.inup.digital) no meio do texto, interrompendo à leitura.

Ou uma **âncora (palavra-chave com hiperlink, adequada a leitura natural no texto)**, que geralmente aparece sublinhada e que o mouse aponta a possibilidade de clicar. Como poderia ser o caso da palavra sublinhada no exemplo de âncora a seguir. Ao passar o *mouse*, o usuário seria direcionado ao endereço fictício já citado:

Quer dar um UP na sua marca? Consulte a inUP.

Variações das palavras-chave

Pense em quantas variáveis podem ter o termo "viagem" na hora em que uma pessoa deseja sugestões de turismo:

VIAGEM, VIAGENS, VIAGEM(NS) CURTA(S), VIAGEM(NS) LONGA(S), VIAGEM BARATA,

LUGARES INDICADOS PARA UMA VIAGEM BARATA, ETC.

As palavras-chave muito amplas, como "viajar", podem gerar tráfego intenso ao canal de pessoas fora do perfil do *target*. Já as restritas, como "viagens baratas no Sudeste", podem reduzir a visibilidade do conteúdo, diminuindo a concorrência de publicações e buscando a qualificação do *lead* (perfis mais "clusterizados").

O ideal é mapear os termos (palavras-chave) mais acessados pela persona para que o redator possa escolher a estratégia de comunicação mais adequada, como o aumento da visibilidade ou a de engajamento do público.

O Google Trends é uma ferramenta muito útil por conhecer as tendências de palavras-chave mais acessadas pelos usuários, por período, região e demais dados demográficos do público-alvo.

> Nada de exageros! Escolher muitas palavras-chave e temas na construção do universo temático pode desviar o propósito do emissor e, por consequência, levar os receptores a perder o interesse.
>
> **#SuperDica**

No *framework* a seguir, as palavras-chave podem ser categorizadas em: termo único ou expressão e frase, tanto pela sua exatidão (sinal colchetes) e especificamente (entre aspas), quanto pelas variáveis (sinal * ou sem sinal) e invariáveis (sinal +). Esses sinais foram padronizados para a compreensão do algoritmo das principais mídias digitais.

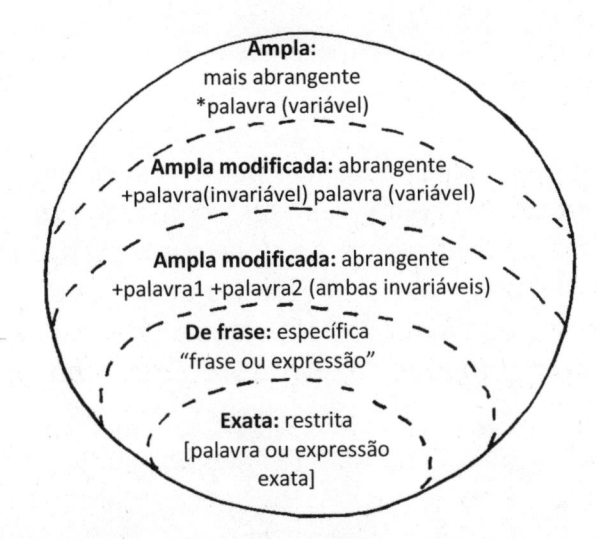

O UNIVERSO TEMÁTICO DA PERSONA

Ampla: mais abrangente
*palavra (variável)

Ampla modificada: abrangente
+palavra(invariável) palavra (variável)

Ampla modificada: abrangente
+palavra1 +palavra2 (ambas invariáveis)

De frase: específica
"frase ou expressão"

Exata: restrita
[palavra ou expressão exata]

Exemplo aplicado à persona Jennifer, com o tema "Ativismo":

Exemplo aplicado à persona Jennifer, com o tema "Ativismo":

= ativista ou ativistas, ativista(s) social(is), ativismo de gênero, ativismo feminista, etc. ← *ativista (variável)

= ativista comenta sobre feminismo, ativista(s) de gênero feminino, ativista(s) feministas, etc. ← +ativista(invariável) feminista(variável)

= ativista(s) e diversidade, ativista(s) sobre diversidade, etc. ← +ativista + diversidade (ambas invariáveis)

= ativista feminista, ativista feminista em SP, etc. ← "ativista feminista"

= ativista falando sobre diversidade ← [ativista falando sobre diversidade]

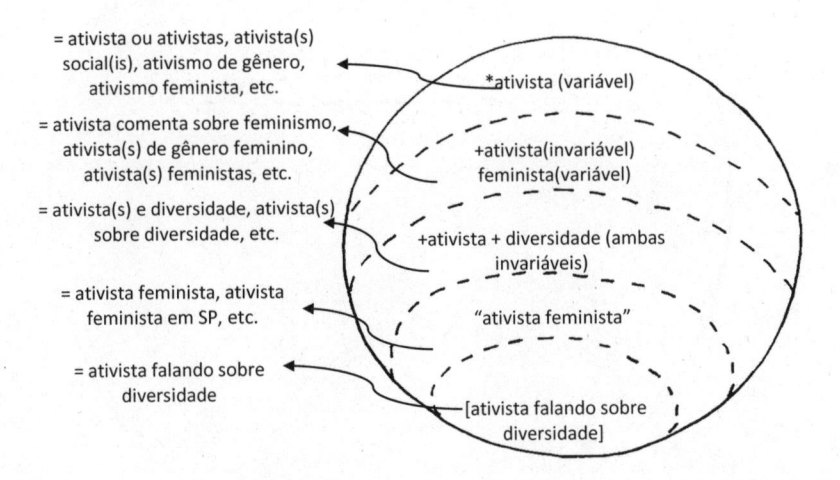

@tenção! Existem ainda as palavras-chave que precisam ser negativadas. São termos que não devem ser associados ao seu conteúdo, porque são grosseiras, por exemplo. Em campanhas de AdWords (Links Patrocinados com custo por clique), excluir algumas palavras permite otimizar a verba e melhor direcionar ao público-alvo.

#AgoraVC

Defina as palavras-chave por categoria que são importantes para *Jennifer*, considerando um tema da área nobre do universo temático dessa *persona* e as possibilidades de busca da mais abrangente à mais restrita, que ajudaria a destacar um conteúdo da revista *Sou Empreendedora*.

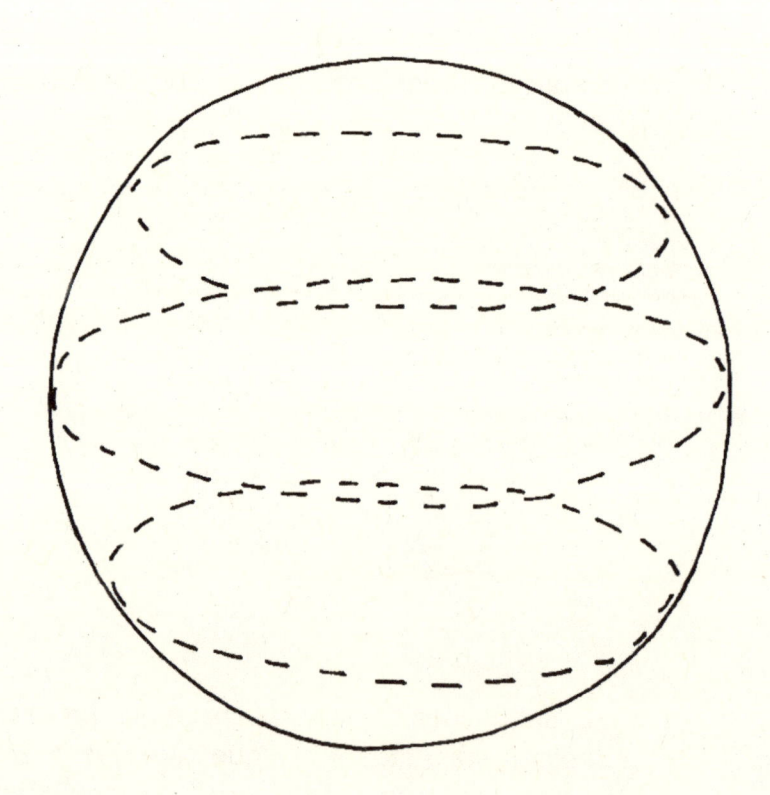

Hashtags

Iniciadas com o símbolo do jogo da velha (*hash*, em inglês) são etiquetas (*tags*) de indexação.

Surgiram e se popularizaram no Twitter, usadas não apenas para categorizar os conteúdos na mídia social, mas para incentivar a participação do público em geral em *hashtags* famosas, como:

- As das publicações nostálgicas de fotos do passado – **#Throwback Thursday (#TBT)** – voltar no tempo às quintas e **#FlashbackFriday (#FBF)** – às sextas-feiras.
- As de questões sociais e políticas – **#VemPraRua, #Juntos** e **#EleNão**.
- As divertidas – **#fun, #instagood**.
- As de fotos – **#lookdodia, #cute, #photoftheday, #instafashion, #blackandwhite**.
- As de indicações – **#followfor follow #reposts, #like4like**, etc.

Para elaborar uma *hashtag* criativa é fundamental o mapeamento do universo temático da persona, que servirá de embasamento com seus temas e as palavras-chave essenciais (a área nobre do nosso *framework*).

O interessante é mesclar entre *hashtags* criativas para editorias (seções de um canal) com pautas regulares e aquelas que podem incentivar a postagem e o engajamento, ou que funcionam como âncoras de saída ou entrada de tráfego (movimentação do seu canal).

Na elaboração e uso das *hashtags*, lembre-se de:

- Facilitar a leitura, variando em caixa-alta (maiúsculas) e caixa-baixa (minúsculas). Exemplos: #GoodVibes #QueroViajar #SOUativista.
- Evite *hashtags* longas. Prefira as mais específicas.
- Escolha não apenas porque são famosas, mas porque estão conectadas ao universo temático da persona.
- Inclua *emojis* em *posts* mais descontraídos e informais.
- Não coloque mais de três hashtags por post. No Instagram, valem até 12 *hashtags* que possam aparecer nos assuntos seguidos da persona, porque elas podem aumentar o engajamento em 12,6%. Porém, exagerar pode desvalorizar o *post*.
- Se publicar na mídia social sem nenhuma delas, não adianta acrescentar depois, porque perde a função de indexação por relevância.

#SuperDica

#AgoraVC

Use o diagrama *(framework)* ao lado para definir as *hashtags* da revista *Sou Empreendedora*, considerando os temas e as palavras-chave relevantes da Jennifer. Na primeira esfera, coloque as *hashtags* para editorias. Na central, aquelas para estimular o engajamento. E, na inferior, as âncoras de *links*.

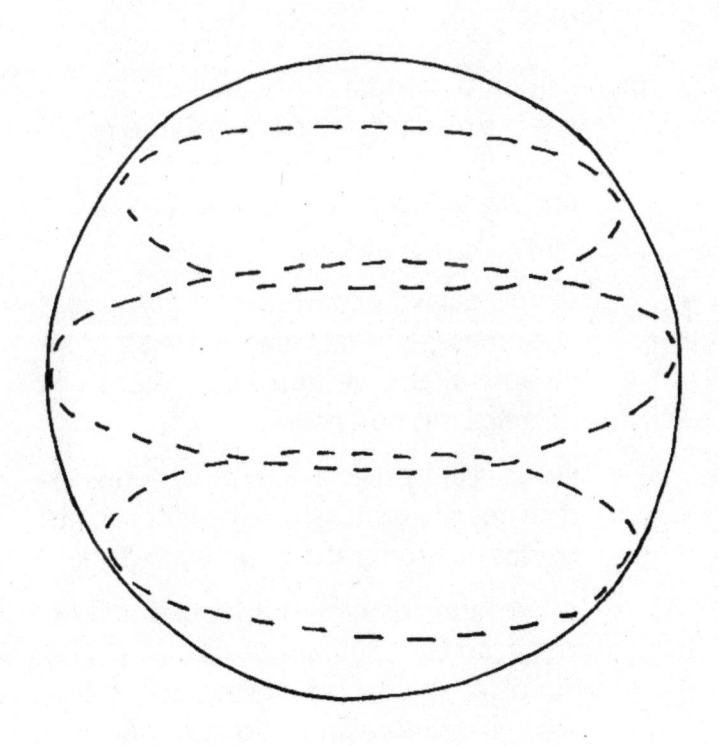

CONCLUINDO A TERCEIRA ETAPA...

PLANEJAMENTO EDITORIAL

Unificando todos os *frameworks*, o resultado é o plano editorial – o universo temático.

Se bem desenhado e estruturado, o universo temático permite o planejamento assertivo dos esforços de comunicação, proporcionando a visibilidade e o engajamento com os resultados tão esperados.

No planejamento, o redator precisará:
- criar as pautas (com suas *hashtags* editoriais), que devem seguir uma frequência regular, geralmente semanais ou quinzenais.

- definir palavras-chave a serem inseridas nas mensagens daquelas editorias, a fim de aumentar o destaque da matéria nos *rankings* dos buscadores.

- especificar códigos, formatos, todos os recursos linguísticos que devem ser utilizados na produção do conteúdo digital.

- determinar os canais adequados à divulgação de cada conteúdo, analisando dispositivos (aparelhos tecnológicos), *design* responsivo (adaptado a *desktop e mobile*), além das estratégias de veiculação. É necessário escolher bem os veículos e as plataformas de mídias, usando diferentes tipos de mídia, como orienta a estratégia de "PESO Model" (*Paid, Earned, Shared and Owned* – traduzindo, mídia paga, mídia espontânea, mídia compartilhada e mídia própria). Por exemplo, o emissor deve divulgar seu conteúdo em diferentes formatos e veículos, passando por banners pagos em um portal de notícias (mídia paga), ao mesmo tempo que busca conquistar a imprensa para um artigo de destaque (mídia espontânea), ou ainda quando consegue o compartilhamento de seu post por seus seguidores (mídia compartilhada), e principalmente ao postar em seu *blog* (mídia própria – em que o emissor é o responsável pela veiculação).

- programar a periodicidade mais assertiva para a visualização do receptor, com data e hora exata da publicação do *post*, muitas vezes usando *softwares* para o disparo automático.

Enfim, deverá se organizar! Por isso, sugerimos o painel a seguir:

Painel 1 – Cronograma semanal *case* revista *Sou Empreendedora*

Persona	Dispositivo/ Plataformas	Canais (meio e veículo)	Palavras-chave / *Hashtags*	Universo temático/ Enredo	Frequência semanal
Andreia 26 anos, paulista, jornalista, recém-casada. Vive na capital paulista.	Usuária conectada a todo momento no trabalho e um pouco menos em casa, para dar atenção ao filho.	***Owned Media***	Global Mundo Brasil Economia Sustentabilidade	Acontece no Brasil e no mundo Novidade na	1 *banner* interativo por 7 dias/ semana
		Shared Media	Políticas públicas Justiça social Epidemia Virais	Presidência Senado Federal Sociedade marginalizada Pobreza	3 *posts* no Instagram Quarta, sexta e sábado
		Paid Media Influenciadores Banners em portais de jornais	Em primeira mão Plantão de notícias Novidade Férias	Viagem em família	1 atualização *site*/ semana

O UNIVERSO TEMÁTICO DA PERSONA

		Owned Media / Shared Media / Paid Media		MKT (Marketing)	
Eduardo 30 anos, SP, gênero masculino, publicitário, *designer*. É descolado e tranquilo. Adora artes e conhecer culturas. Viaja e frequenta exposições.	Usuário multiplataforma, conectado 24 horas.	**Owned Media** Site com blog **Shared Media** **Paid Media** *Links* patrocinados em *stories* do Instagram Patrocínio de eventos e games Google AdWords e impulsionamento ADs Facebook	Empreendedor Negócios *Business* Metas Resultados Público-alvo *Freelancer Jobs* Publicidade *Design* Artes Artistas Exposições *Games* Aventuras Viagens Amigos Encontros Interação	Comunicação Digital *Softwares* gráficos Agenda cultural Artistas e exposições Viagem com amigos Curtir a vida com a galera *Games* e eventos sociais Vaga *freelas*	1 campanha de 5 anúncios AdWords por 7 dias 1 matéria *blog* às terças Instagram: 2 *stories* + 3 *posts* (intercalando) de segunda a sexta Facebook 4 posts – segunda, quarta, sexta e sábado

185

#AgoraVC

COMPLETE O PAINEL DA *PERSONA* JENNIFER.

Persona	Dispositivo/ Plataformas	Canais (meio e veículo)	Palavras-Chave/ Hashtags	Universo temático/ Enredo	Frequência semanal

@tenção! Com a incorporação de sistemas de *big data*, os perfis dos públicos estão sendo traçados com riqueza de detalhes sobre o comportamento social, político, cultural e econômico em diversos contextos. E com a Inteligência Artificial já sendo implantada no marketing de grandes corporações, esse banco de dados cada vez mais terá tudo sobre cada um de nós.

Cuidado com seu plano editorial!

Não limite demais a persona, sendo inflexível em relação a outros temas, que podem não aparecer no mapeamento do universo temático. Afinal, ao longo do tempo, surgirão novos aprendizados/interesses/pontos de vistas entre seus *targets*.

Tenha em mente que, embora o planejamento de conteúdo seja uma excelente estratégia de comunicação, até fundamental na era informacional, as pessoas tendem a mudar em certos contextos.

Procure usar as estratégias necessárias para garantir a leitura dos seus textos, mas lembre-se de mesclar temas diferentes para testar a reação do receptor. Ou faça questionários sobre os temas, com sugestões ousadas. Fuja da desinformação e da modulação social, gerada pela lógica algorítmica, que prevê, determina e controla a sociedade.

INICIANDO A QUARTA ETAPA...
FUNÇÃO AIDA

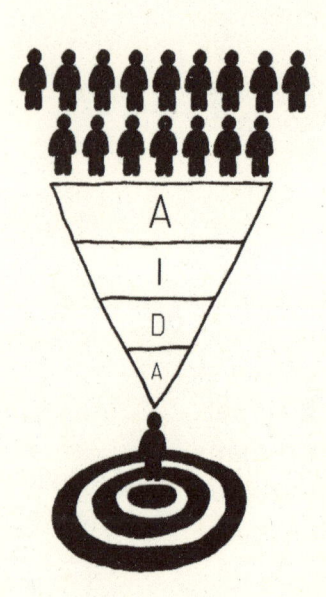

Para embasar a criação estratégica das personas, será necessário aplicar a **Função AIDA (Atenção, Interesse, Desejo e Ação)** em cada mensagem elaborada.

Já nos primeiros segundos em que uma mensagem é recebida, **deve-se despertar a ATENÇÃO do receptor.**

Em seguida, com um rápido escaneamento visual, o receptor deve perceber que se trata de um conteúdo relevante, **aumentando seu INTERESSE pela leitura.**

Finalmente, a mensagem deve provocar o DESEJO de compreender o tema apresentado, o que exigirá do receptor certo esforço de concentração.

Se as funções anteriores foram bem-sucedidas, **provavelmente a intencionalidade do texto alcançará a tão esperada AÇÃO do receptor.**

Tudo dependerá dos objetivos de comunicação e do grau de assertividade do conteúdo, mas se o emissor elaborou boas estratégias de AIDA já estará a caminho do sucesso da mensagem.

@tenção! Esse *feedeback* (ação/reação) do receptor pode se concretizar, imediatamente, em atitudes sutis de engajamento (como uma simples curtida), ou até em contatos mais diretos (como um telefonema).

CONCLUINDO...

Essas quatro etapas mencionadas visam a compreensão completa do processo criativo, norteado pelo perfil detalhado do *target*, garantindo o alcance eficaz do propósito do emissor quando reforçado em uma série de conteúdos.

Para tanto, as etapas deverão ser monitoradas constantemente e as suas estratégias revistas antes da **redação do conteúdo,** assunto da nossa próxima unidade.

12
REDAÇÃO DE CONTEÚDO WEB

COMO VOCÊ PODE GARANTIR QUE SEU *POST* SE DESTAQUE ENTRE OS MILHARES PUBLICADOS?

Emissor da era digital não é aquele redator criativo apenas no que tange ao jogo de palavras. Hoje ele é quem faz também os questionamentos certos na hora certa, quem investiga muito para compreender o receptor, quem desenha a persona, quem elabora estratégias de atratividade do público/audiência.

Afinal, como vimos nas unidades anteriores, o receptor é o norteador do processo de comunicação. Aquele que deve ser atraído rapidamente pelo título chamativo, depois se interessar pelo tema e realizar a leitura do texto, quem deve decodificar facilmente todos os recursos linguísticos apresentados na mensagem. E o responsável pela continuidade do diálogo, quando há reação ao conteúdo. No entanto, quando essa reação não acontece como o esperado, significa que a comunicação falhou,

POR QUE ALGUÉM PODERÁ SE INTERESSAR PELO QUE VOCÊ TEM A DIZER

algo gerou ruído (dificultou/impossibilitou a compreensão da mensagem).

Tudo isso pode parecer óbvio, mas essa é a chave do processo de comunicação. O emissor (redator) deve pensar em todos as barreiras que a mensagem precisa enfrentar, procurando estratégias criativas para garantir a interatividade e a reação positiva do receptor. Só assim o emissor (o redator) consegue se destacar entre a multidão de *posts*.

O redator também precisa garantir a qualidade do texto e a credibilidade do canal em que será publicado, agregando relevância que possa ser percebida pelo *target*.

O advento da *web* tornou as mensagens mais dinâmicas. Ainda há aquelas que são atemporais, mas a grande maioria aproveita o tempo real da internet. É o caso dos *posts*, por exemplo, que são mais relevantes e acessados quando referem-se às notícias quentíssimas.

A convergência e a integração dos meios digitais também permitiram:

- o uso de múltiplos códigos (linguagem verbal e não verbal; ou linguagem verbal em diversas versões por idioma);
- a criação em formatos diversos e que podem reforçar o conteúdo quando associados (*blog, e-mail, chat, story, webconference*, infográfico, animações, audiovisuais, notícias jornalísticas, entre muitos outros);
- a publicação da mensagem em dispositivos interativos (como: *smart* TVs, computadores PCs e *smartphones*) de plataformas interligadas, com algoritmos complexos e *design* responsivo, que atendem tanto a tecnologia mobile (móvel - *smartphones*) quanto o *desktop* (PCs);
- a veiculação em gigantescas audiências de mídias de plataformas robustas, como: Google, Facebook, Instagram, WhatsApp, etc.

Tudo isso não significou apenas novas nomenclaturas, mas a tendência da linguagem cada vez mais precisa, que leva o receptor à compreensão num bater de olhos sobre os textos, criando novos jeitos de escrever e de ler.

Na leitura deste livro, você naturalmente começou pelo alto da página esquerda, descendo parágrafo por parágrafo, até o fim da página, subindo o olhar novamente para a página direita, em um processo que se repete página a página.

Na tela, quer seja do desktop (PC), quer seja do *mobile* (*smartphone* e *tablet*), o processo se dá de outra forma: seu olhar desce à medida que há a rolagem (*scrolling*, em inglês).

Se o texto vier entremeado de imagens, melhor!

Nosso campo visual abrange de uma só vez a linguagem verbal e a não verbal. E capta a mensagem num piscar de olhos.

Isso porque o nosso mecanismo de leitura digital é outro: há o escaneamento da tela, permitindo direcionar o olhar rapidamente para os parágrafos mais interessantes.

Obviamente, a redação está mais natural e mais coloquial. Os textos são mais curtos e em blocos para agilizar a leitura, com o realce do efeito visual ou até auditivo, que atrai e permite a acessibilidade de todos.

Textos longos só quando há necessidade de aprofundamento da informação. Mesmo assim, sempre que possível, devem ser fragmentados em séries (vários *posts* ou vídeos curtos sequenciais).

As âncoras levam o receptor a outros textos. Daí, então, em uma nova tela, começamos a leitura pelo alto da página e vamos descendo, até encontrarmos outro *link*.

Esse processo do **hipertexto** prende tanto o leitor, que dificilmente ele volta para completar a leitura da página inicial. Portanto, cuidado ao criar *links* de saída para páginas de outros emissores: **prefira sempre os de entrada para o seu canal.**

De acordo com Pierre Lévy (1996), professor da Universidade de Paris VIII, filósofo e pesquisador da ciência da informação e da comunicação, os hiperdocumentos são instrumentos poderosos de escrita e leitura/leitura e escrita:

> [...] a escrita e a leitura trocam seus papéis. Todo aquele que participa da estruturação do hipertexto, do traçado pontilhado das possíveis dobras de sentido, já é um leitor. Simetricamente, quem atualiza um percurso ou manifesta este ou aquele aspecto da reserva documental contribui para a redação, contribui para uma escrita interminável. As costuras e remissões, os caminhos de sentidos originais que o leitor inventa podem ser incorporados à estrutura mesma dos *corpus*. A partir do hipertexto, toda leitura se tornou um ato de escrita.

Gírias e abreviações são cada vez mais comuns e aceitas no ambiente virtual. Porém o rigor ortográfico e gramatical continua valendo. É de bom-tom no WhatsApp um asterisco (*) para correções, quando digitar muito rápido ou por culpa do corretor automático. Nas demais mídias, vale editar o *post* e corrigir. Isso demonstra a sua preocupação com a clareza e a qualidade do conteúdo, aumentando sua credibilidade como redator.

Do ponto de vista da estrutura do parágrafo e da própria frase, também a linguagem mudou. Os parágrafos estão mais curtos, e as frases apenas justapostas, sem nenhum conector entre elas, a não ser aqueles que ocorrem no seu interior.

Observe:

> O Renascimento foi um movimento cultural, econômico e político que surgiu na Itália do século XIV, se consolidou no século XV e se estendeu até o século XVII por toda a Europa.
>
> Inspirado nos valores da Antiguidade Clássica e gerado pelas modificações estruturais da sociedade, resultou na reformulação total da vida medieval, dando início à Idade Moderna.
>
> O Renascimento originou-se na Itália, devido ao florescimento de cidades como Veneza, Gênova, Florença, Roma e outras.
>
> Elas enriqueceram com o desenvolvimento do comércio no Mediterrâneo, dando origem a uma rica burguesia mercantil que, em seu processo de afirmação social, se dedicou às artes, juntamente com alguns príncipes e papas.[29]

---

29 Disponível em: <https://www.todamateria.com.br/renascimento-caracteristicas-e-contexto-historico/>. Acesso em: 27 jan. 2019.

Na verdade, o que deveria ser um só parágrafo apareceu subdividido em frases. Em uma versão mais tradicional, teríamos:

> O Renascimento foi um movimento cultural, econômico e político que surgiu na Itália do século XIV, se consolidou no século XV e se estendeu até o século XVII por toda a Europa. Inspirado nos valores da Antiguidade Clássica e gerado pelas modificações estruturais da sociedade, resultou na reformulação total da vida medieval, dando início à Idade Moderna. Originou-se na Itália, devido ao florescimento de cidades como Veneza, Gênova, Florença, Roma e outras, que enriqueceram com o desenvolvimento do comércio no Mediterrâneo, dando origem a uma rica burguesia mercantil que, em seu processo de afirmação social, se dedicou às artes, juntamente com alguns príncipes e papas.

Para que a leitura na tela não fique cansativa, o parágrafo foi subdividido em quatro frases. Mas observe que todas as características se preservam no texto.

Do ponto de vista da estrutura, o parágrafo traz uma introdução, um desenvolvimento e uma conclusão. O conceito de Renascimento aparece na frase inicial:

- Foi um movimento cultural, político e econômico.
- Surgiu na Itália.
- Durou do século XIV ao XVII.
- Consolidou-se no século XV.

Nas frases seguintes ficamos sabendo que o Renascimento:

- Foi inspirado nos valores da Antiguidade Clássica.
- Resultou na reformulação total da vida medieval, dando início à Idade Moderna.
- Originou-se na Itália, devido ao florescimento de cidades como Veneza, Gênova, Florença, Roma e outras.

E mais:

> A rica burguesia mercantil se dedicou às artes, juntamente com alguns príncipes e papas.

Se surgiu na Idade Medieval e foi inspirado nos valores da Antiguidade Clássica, inferimos que provavelmente seja esta a origem do nome Renascimento.

O bom é que a internet nos permite confirmar de imediato se estamos pensando certo. Basta pesquisarmos outras fontes de informação confiáveis e encontraremos:

> [...] Renascimento. Trata-se de uma volta deliberada, que propunha a ressurreição consciente (do renascimento) do passado, considerado agora fonte de inspiração e modelo de civilização.[30]

Ler na *web* também virou uma forma de estudo, com o aprofundamento de temas complexos e polêmicos. Podemos, por exemplo, querer saber quem são os principais autores do Renascimento. E encontraremos os principais autores dessa época, não só da Itália, mas também de outros países, já que o Renascimento se espalhou pela Europa.

> OPS! ACABEI NAVEGANDO QUASE DUAS HORAS PELAS OBRAS DO RENASCIMENTO. LI TRECHOS DOS ESCRITORES, ENTREI NOS MUSEUS... VI A *MONALISA*, PINTADA POR DA VINCI; FUI À CAPELA SISTINA, APRECIEI MAIS UMA VEZ A OBRA DE MICHELANGELO; ANDEI PELAS RUAS DE FIRENZE, ME EMPOLGUEI COM O PÔR DO SOL VISTO DE UMA DAS PONTES DO RIO ARNO. AGORA, ESTOU VOLTANDO E RETOMANDO A ANÁLISE DOS TEXTOS. NAVEGAR NA *WEB* REALMENTE EXIGE DISCIPLINA!

---

30 Disponível em: <https://www.historiadasartes.com/nomundo/arte-renascentista/renascimento/>. Acesso em: 18 dez. 2018

Retomando os textos

Sempre trazendo uma linguagem mais simples, mais direta, são muitos os exemplos na *web* em que as frases são curtas, sem elementos de ligação.

Veja, por exemplo, este texto:

> No universo dos negócios digitais, a velocidade é alta. Tentativas, fracassos, sucessos, *cases*, teorias. Um mundo paralelo fala sobre propósito na vida e nos negócios, sobre os novos modelos, sobre inovação de sustentação e inovação disruptiva, sobre crescimento exponencial, pilotagem, *growth hacking*. As ferramentas usadas são marketing digital, análise preditiva de dados, plataformas, redes, *crowfunding, crowdsourcing, Lead Canvas, Design Thinking*, ágil, *scrumm*.[31]

A única diferença é que as frases curtas, aqui, aparecem num bloco compacto. A falta de conectores, contudo, não significa falta de encadeamento das ideias.

A segunda frase traz tudo o que acontece rapidamente no universo dos negócios digitais, enquanto a terceira mostra o que é dito no mundo paralelo a esse universo, e a quarta, quais são

---

31 Disponível em: <https://wfuturismo.com/analfabetos-digitais/>. Acesso em: 20 dez. 2018

as ferramentas utilizadas na área dos negócios digitais, mantendo a coesão.

Ao usar frases justapostas, sem nenhum elemento de ligação, é muito importante observar a coerência entre elas, bem como os aspectos gramaticais que a tornam bem-aceita.

Mais uma vez, o que norteia a linguagem é o receptor, além, é claro, do perfil de quem está escrevendo, ou o perfil da instituição que está se dando a conhecer.

O *site* de um laboratório médico ou de uma instituição bancária com certeza terá uma linguagem mais formal do que a de um *site* de uma casa de shows. Nesse caso, não só a linguagem verbal é diferenciada. Também as imagens e as cores de fundo (*backgrounds*), os símbolos e as fotografias, as tipografias usadas no texto... tudo contribui para o *design* do conteúdo.

O mesmo se pode dizer de um *blog*. **Aquele dirigido ao público infantil** é muito diferente do que é dirigido à terceira idade. O conteúdo para as crianças precisa ser apropriado à faixa etária a que se dirige, e a função da linguagem mais utilizada é a conativa (ou apelativa).

Quando se deseja apresentar à criança como fazer alguma coisa, aparece um passo a passo com frases curtas:

Hoje nós vamos aprender a fazer um jornalzinho voante.

Material:

- Cordão de 2 metros
- Folhas de papel sulfite
- Pregadores de roupa

✓ Convide seus amigos para escrever e desenhar.

✓ Peça que tragam canetas e lápis coloridos.

✓ Quem gosta de escrever faz seu texto em um lado do papel e desenha no outro.

✓ Quem só gosta de desenhar utiliza os dois lados para isso.

Depois que cada um fizer suas obras, pendure-as no cordão com os pregadores.

O legal é deixar o cordão bem esticado entre duas cadeiras, como mostra a figura a seguir, de preferência ao ar livre, para que seu jornal fique voante e muitas pessoas possam ver/ler suas obras-primas.

Observe que a primeira frase (*nós vamos aprender*) é uma forma simpática de o(a) autor(a) se dirigir à criança. Não seria muito legal se escrevesse:

Agora você vai aprender...

Depois, utiliza a 3ª pessoa (convide, peça, pendure), numa espécie de ordem (é o imperativo).

Em um *blog* voltado à terceira idade, é claro que o conteúdo deverá ser pensado para pessoas que tenham mais de 60 anos. Como, nessa faixa etária, os interesses são diversificados, há assuntos como beleza, moda, saúde, aposentadoria, tecnologia, viagens, entre outros.

As frases podem ser mais longas, escritas de preferência em tipografia legível e maior no tamanho (Arial 16, por exemplo), já que, para muitas pessoas, a visão não deve estar tão boa e, ao lerem no *smartphone*, podem não ter os óculos ali na hora. E, convenhamos, "esticar o texto" nem sempre é bom.

Em vez de ilustrações, muitas vezes aparecem fotos.

A linguagem pode ter função conativa (apelativa), emotiva ou mesmo referencial.

Veja como o *blog* amominhaidade.com.br trabalha os seus textos:

> Informe-se, compartilhe, divirta-se. Você chegou à maturidade.
>
> Amo Minha Idade.
> O espaço de quem conquistou o seu tempo.

ESTAMOS VIRANDO MODA...

Marilena de Lauro Montanari[32]

A tal "Terceira Idade", a rigor, deveria ser a "Quarta Idade". Veja bem: há a infância, a adolescência, a idade adulta e a idade mais adulta ainda, ou da terceira idade.
Quais seriam os limites e parâmetros para essa fase?
Para nós, brasileiros, o consenso é que ela chega, assim, toda lépida, aos 60 anos, quando não precisamos mais pagar passagens de ônibus nem metrô, podemos furar fila à vontade e já contamos com a aposentadoria.

Direitos constituídos.
Estamos virando moda. Cresceu muito o número de médicos especializados, os geriatras. E também de estudiosos – os gerontólogos – vindos de outras formações: Educação Física, Serviço Social, Fisioterapia, Terapia Ocupacional, Administração, Psicologia...
É o olhar interdisciplinar desses profissionais que vai fazer com que consigamos lidar com as questões do envelhecimento da forma mais natural possível.
E nos auxilia a usufruir esse grande mercado emergente voltado para nossa faixa etária e nos orientar quanto a um planejamento financeiro necessário.
As áreas de Turismo, Lazer, Cultura e Bem-estar estão à disposição, seja qual for a condição social. Muitos programas, excursões, palestras e cursos são gratuitos e bem ali pertinho de você. Procure se informar.
Precisamos nos organizar para transformar os momentos que sobram num ócio criativo. Encontrar tarefas prazerosas que ocupem o pensamento. Aprender coisas novas. Marcenaria ou idiomas, tanto faz.
Nunca, nesse país, as pessoas envelheceram tão bem. A expectativa de vida aumentou. Estamos mais saudáveis e conscientes de que nosso tempo é o futuro.
Nossa renda diminuiu. Mas não temos de gastar tudo em medicamentos, embora a ida à farmácia possa até ser divertida. De repente, você vai comprar o remédio do colesterol e sai

---

[32] Disponível em: <www.amominhaidade.com.br>. Acesso em: 10 nov. 2018.

com uma caixa de sabonete cremoso, um creme para aliviar dores nos pés e uma revista.
As conversas mudam. Em vez de papear com o pessoal da fila sobre política ou novela, você faz o relato completo de sua última internação. E fica encantado com a prótese perfeita na mão do sujeito à sua frente!
Exercitemos também nosso físico. Não precisa ser na academia. Antes de sair da cama, alongue-se. Espreguice-se. Boceje. Saia no terraço. *Caminhe pelas ruas com ou sem cachorro.*
Se você tem o privilégio de morar em casa, tome sol ali no quintal mesmo. Proteja rosto e mãos com filtro solar e deixe o sol lhe fazer um carinho.
Preste atenção à sua respiração. Deixe o ar entrar pelo nariz e sair pela boca. Encontre seu ritmo. Ouça seus batimentos cardíacos. Para que a *pressa*?

O texto dirige-se a uma pessoa sexagenária, em parágrafos bem curtos, gostosos de ler. A autora, por também pertencer à maturidade, inclui-se já no título, por sinal bem sugestivo (Estamos virando moda). Nele utiliza a primeira pessoa do plural (nós), assim como em algumas outras partes do texto.

Também recorre à função conotativa ou apelativa (alongue-se, espreguice-se, boceje, saia no terraço) e à referencial (É o olhar interdisciplinar desses profissionais que vai fazer com que consigamos lidar com as questões do envelhecimento da forma mais natural possível).

Principais formatos da *web*

No decorrer do livro abordamos alguns exemplos de textos na *web*. Agora, vamos citar os que mais aparecem nas mídias digitais, comentando um a um e acrescentando outras dicas.

Design de portal e *site*

O portal e o *site* são mídias proprietárias (*owned media*), controladas por uma instituição ou uma pessoa física a serem divulgadas nesse ambiente digital.

Antes da programação e layout da página construída pelo *webdesigner* (pessoa que projeta a parte técnica e visual), o redator ou produtor de conteúdo deve ser consultado sobre a arquitetura ideal da plataforma (*User Experience* – UX), porque ambos os profissionais precisam favorecer a usabilidade do visitante. Juntos, criarão o melhor *design* para cada página, contemplando os espaços necessários para variados formatos dos conteúdos que circularão nessa mídia.

Também será necessário que o redator acompanhe (pelo menos bimestralmente) cada mudança do posicionamento ou propósito do canal para manter tudo atualizado e coerente com a realidade.

Informativos

As notícias, os relatórios e os tutoriais com a finalidade informativa podem ter características distintas e se adequarem melhor em determinados meios:

• As matérias atemporais devem ser publicadas em canais com atualizações quinzenais, mensais ou bimestrais, como é o caso do *blog* (página no *site* para *news* ou um *site* inteiro de notícias) e *vlog* (no caso de vídeos com mais de 1 minuto).

• As matérias de utilidade periódica precisam de um canal mais efêmero, como a *newsletter* (por *e-mail*) e podem ser apresentadas em *templates* criativos e personalizados (com o nome do canal do receptor por programação) ou em infográficos para o registro histórico no *blog*. Devem trazer a data e a hora da postagem, bem como o nome do autor do conteúdo, para reforçar sua credibilidade. E, quando possível, devem-se evidenciar âncoras para gerar tráfego de entrada por meio das citações de emissores/influenciadores de boa reputação, ou ao menos ter um direcionamento de outros conteúdos do mesmo emissor postados em diferentes mídias proprietárias.

• Já as novidades quentíssimas, em geral com relevância de até 24 horas, o melhor é divulgá-las como *posts* (de imagens, vídeos de até 20 segundos e *stories* de até 10 segundos), em *real time*, em perfis sociais, estimulando o compartilhamento (*shared media* ou *social media* – espaço conquistado gratuitamente em mídia social).

• Nos informativos, prevalecem as técnicas jornalísticas de redação, porém com o *upgrade* do novo jeito de escrever para a *web* (textos curtos, em blocos e tudo mais que abordamos anteriormente).

Vale ressaltar as semelhanças e as diferenças de alguns dos meios ideais para os informativos.

Newsletter X Blog

• *Newsletter* e *Blog* diferem-se pelo espaço da publicação e o contexto da leitura do receptor.
O *blog* oferece espaço suficiente para conteúdos densos, seus visitantes estão mais predispostos a ler.
Já a *newsletter*, que é recebida por *e-mail*, exigirá chamadas atrativas e textos curtos para não se perder entre tantos outros, aumentando a probabilidade de ser clicada e lida.

• *Newsletter* e *Blog* assemelham-se pela necessidade de regularidade das postagens para alcançar o efetivo engajamento do receptor e pelos conteúdos que podem ser reaproveitados em outras mídias, desde que em novas versões adaptadas à linguagem de cada uma.

Alguns *sites* que usam a ferramenta Content Management System – CMS (Sistema de Gerenciamento de Conteúdo para *design* de *blogs*, como WordPress e Wix) permitem reproduzir o mesmo informativo em todos os seus canais que estão integrados à plataforma. Assim, você faria um único texto e postaria em segundos em todos os seus perfis sociais. Mas lembre-se: cada meio (formato de veiculação) tem seus próprios códigos linguísticos, elementos característicos ligados ao contexto do receptor na hora de ler. Então, prefira ter mais trabalho e redigir versões distintas, *mesmo* que seja para o *mesmo* assunto. Explore os diversos recursos já comentados neste livro.

Post mídias sociais

Se *post* é o termo utilizado para cada mensagem publicada, podemos considerar *posts* a matéria do *blog* e as notícias curtas da *newsletter*. Entretanto, quando veiculados em mídias sociais, esses informativos ganham versões altamente reduzidas, de fácil compreensão, e perdem a validade quase que no mesmo minuto em que foram postados.

Na criação de um *post*, você precisará pensar não só no propósito do emissor, mas também nas características particulares das mídias sociais:

- O Twitter tem um elevado público da Geração Z, extremamente sucinta nas palavras, que muitas vezes só seus integrantes traduzem.

- O LinkedIn tem postura formal, corporativa, intelectual, porque circulam ali especialistas em diversas áreas.

- O Pinterest tem uma galera mais artística, o que vale é cultura, visual, infográficos, etc.

- O Instagram, onde estão os *Millennials*, dá destaque ao visual (fotos e *stories*, principalmente). Pouquíssimo texto escrito para completar a ideia exposta, com muitos *emojis* e de 6 a 12 *hashtags*.

> • O Facebook é onde as gerações anteriores à Z se encontram para negociar, fofocar, debater, polemizar e, claro, se exibir no palco da net...

Pesquise como a plataforma se posiciona para o próprio *target* em dado momento.

Isso também vale quando recorrer a um influenciador para dar credibilidade a seu conteúdo. Peça compartilhamentos, *reposts*, de quem você conhece muito bem de outros carnavais. A imagem do influenciado refletirá no seu *post*. Aposte nos microinfluenciadores que não são celebridades, umas pessoas com vivências parecidas às do seu público.

Audiovisuais e áudios

No processo criativo desses materiais, o primeiro passo é desenvolver um enredo do que será gravado, como nas produções cinematográficas, escrevendo o *storyline*. Cerca de seis linhas para descrever o conflito (drama), com problema, desenvolvimento e resolução.

Depois, avance para escrever a sinopse, que inclui os personagens (reais ou fictícios) e onde vivem. Então, em até 12 linhas, explique com mais detalhes sobre os envolvidos, fale como e onde tudo acontece, qual é o auge do conflito e como caminha para a sua solução.

Ah! Na sinopse não precisa contar o Final ainda...

Nesta fase, é importante tratar da narrativa para começar a escrever a ação dramática (detalhes de como tudo acontece).

> Na obra *A arte retórica*, Aristóteles (384-322 a.C.) apresentou os principais elementos da argumentação do discurso, categorizando-os em três dimensões:[33]
>
> - *Logos* – inspirado nas motivações racionais – trata-se do argumento, das palavras-chave, do ato discursivo.
>
> - *Pathos* – motivações emocionais – considera o outro, sensibiliza-se para o conflito e pela busca da resolução.
>
> - *Ethos* – a moral da história, a sua intenção – a verdadeira mensagem do emissor nas entrelinhas.

Quando a narrativa estiver pronta, é hora de esquematizar tudo isso em um roteiro, acrescentando detalhes de plano de câmera, sonoplastia, etc.

Segue um modelo de planilha para o roteiro de audiovisual, com algumas definições técnicas. E movimentos descritos em itálico (em inglês):[34]

---

[33] Disponível em: <e-revista.unioeste.br/index.php/csaemrevista/article/download/7620/5628>. Acesso em: 24 jan. 2018.
[34] Disponível em: <http://www.fazendovideo.com.br/artigos/movimentos-de-camera.html>. Acesso em: 18 jan. 2019

Tabela 1 – Roteiro *story* de 20"

CENA/TIME	ÁUDIO	TÉCNICA AUDIOVISUAL	VÍDEO
Cena 1 4"	Trilha romântica.	Panorâmica (posição horizontal). Plano de câmera geral aberto Cenas de 1 a 6 sequenciais (sem cortes).	O pôr do sol visto na beira da praia aparece inicialmente meio desfocado e depois focaliza-se melhor.
Cena 2 2"	Som das ondas do mar.	Plano conjunto (pessoa em cena e paisagem). Diminui a trilha (*fade out*) e abre o som ambiente.	Aparece a sombra de uma pessoa sentada na areia contemplando o mar.
Cena 3 2"		Plano americano (um dos joelhos para cima). A câmera se movimenta (*tracking*).	Aproxima-se da pessoa, ficando à sua frente, subindo o ângulo da câmera para pegar seu rosto de frente.
Cena 4 3"	FX (efeito): Ruídos assustadores de monstro.	Plano *close* (fechado, focando o ombro e a máscara). FX/Sonoplastia – monstro.	A câmera treme porque aparece alguém se transformando em monstro.

Cena 5 4"	Locutor 1 – a pessoa na praia – (Grita, debocha, ri muito): **BRINCADEIRINHA! Calma! Sou EUUU, galera!**	Plano *close-up* (aproxima mais para o rosto) – movimento *dolly* (cenário passa enquanto aproxima). Depois, afasta (*zoom out*) para plano médio (da cintura para cima).	Um rapaz retira a máscara, revelando-se. Depois começa a se contorcer de tanto rir.
Cena 6 2"	Locutor 2 – em *off* (sem aparecer) quem segura a câmera – (*Cai também na gargalhada*).	Abre mais para plano conjunto e *travelling* (deslocamente de câmera e pessoa/objeto). Depois, *Tilt* (posição vertical da câmera, lenta, de cima para baixo).	Outro menino (quem filmava) surge na tela segurando a câmera, como em uma *self*.
Cena 7 3"	Entra trilha romântica, parte mais agitada da música.	*Travelling* novamente. Legenda (*lettering* ou "GC") na parte inferior da tela, à direita, com destaque.	Os meninos começam a caminhar beirando o mar, como se estivessem indo embora, ao mesmo tempo em que se despedem do entardecer. A câmera fica trêmula, e a cena vai se desfocando. Aparece CG: "*The end*".
		Fade out ambiente e *fade in* trilha, ambos aos poucos.	

Esse mesmo modelo de roteiro pode ser usado para áudio. Deve se, então, excluir a coluna vídeo e, na parte técnica, focar em sonoplastia – com trilha e efeitos sonoros (abreviado como FX).

Observe que o texto precisará de algumas marcações técnicas básicas para facilitar sua produção:

- Destacam-se a entonação e outros atributos pertinentes à interpretação do locutor, entre parênteses, em itálico.

- A fala é escrita em negrito, pulando linha conforme a pausa necessária entre uma frase e outra, ou uma palavra e outra.

- Usa-se caixa-alta quando se precisa enfatizar o grito do locutor.

Em linhas gerais, o roteiro será seu guia para garantir a qualidade na produção de:

- *podcasts* – áudios para o meio de transmissão de informativos, cada vez mais utilizados por museus para a interação do público com a obra e em portais educativos.

- *spots* – anúncios para o meio rádio, *web* ou não, que podem conter *jingles* (composições musicais para promover marcas).

• *stories* – vídeos de poucos segundos, publicados em mídias sociais, de preferência com produção amadora (tipo *self*), que sobrevive 24 horas no ar, se não se salvar o conteúdo. Ideal para reforçar convites, divulgar promoções relâmpago ou, simplesmente, interagir com uma divertida galera de amigos. As interações vivo (livre) cada vez mais geram altos engajamentos.

• Vídeos curtos e animações – para contar histórias de até 2 minutos de um jeito leve e dinâmico. Se precisar de mais tempo, aconselhamos dividir em séries. Fica bem mais atrativo e só continua quem aprovou.

Criativos – *Banners* e *Links* Patrocinados

Os anúncios digitais podem ser veiculados em portais e *sites* (como mídia paga ou proprietária).

O ideal é que sejam interativos, estimulando o clique para que o receptor seja direcionado à *landing page* (página de entrada da audiência por categoria de interesse).

Existem formatos-padrão para os *banners* veiculados em mídias digitais, normatizados pelo instituto Interactive Advertising Bureau – IAB. No entanto, grandes portais de notícias possuem seus próprios *media kits* (peças de divulgação dos formatos e audiências de espaços publicitários dos veículos) para estabelecer seus próprios formatos de espaço publicitário.

O *banner* pode ser interativo (para clicar ou participar de algum *game*/animação de segundos), expansível (ao passar o *mouse*, abre-se, ficando bem maior) ou *rich media* (incorpora um vídeo curto ao lado do texto). Também pode ser isso tudo em uma única peça publicitária.

Atualmente, esses *criativos* estão sendo produzidos por lógica algorítmica, que na mídia programática significa identificar em milésimos de segundos o usuário ativo na *web*, participar de um leilão na compra de espaço no veículo e montar um anúncio personalizado com base em diversas possibilidades previamente criadas. Enfim, significa um anúncio para cada pessoa no momento certo daquela necessidade de consumo, que hoje as plataformas conhecem mais do que nós mesmos. É uma iniciativa mercadológica que favorece (induz) a compra por impulso.

> As mídias sociais são excelentes ferramentas para divulgar eventos. Do convite à publicação de fotos e matérias sobre como o evento foi fabuloso, você consegue gerar muito conteúdo para reforçar seu propósito comunicacional.
> #SuperDica

E-mail marketing e corporativo

Quando enviar um *e-mail MKT* (para divulgação institucional e promocional) ou uma *newsletter*, cuidado com a caracterização de "Spam" (filtro automático da caixa de *e-mail*).

O recebimento regular desses *e-mails* precisa da autorização expressa do receptor, feita no *site* ou em algum outro formulário de pesquisa/contato.

Caixas de *e-mails* corporativos podem também rejeitá-los, por apresentar termos clichês, tanto no campo assunto quanto no corpo do *e-mail*, ou simplesmente pela URL presente na lista de bloqueados como "Spam".

Muitos sistemas bloqueiam os termos: promoção, desconto, 10%, compre, aproveite, imperdível, oferta, grátis, urgente, já, últimas vagas, oportunidade única, hoje, 24 horas, tempo limitado, imediato, clique, assine, lei agora, abra e até a frase "Isso não é um spam".

@tenção!

Importante acrescentar no final do e-mail mkt um link com texto para cancelar recebimento por uma questão de ética.
O receptor deve ter o direito de escolher o que deseja receber no seu e-mail.

Quanto à linguagem do *e-mail* corporativo...

Dependendo da finalidade do *e-mail*, do posicionamento e do tamanho da empresa, do tipo do negócio e do perfil do público-alvo (interno ou externo), uma mesma instituição pode adotar uma linguagem mais formal ou mais coloquial.

É preciso se familiarizar bem com a linguagem utilizada no ambiente antes de escrever.

Veja os exemplos e analise seus contextos e linguagem:

Assunto: Surpresa pra você na Arrasou   Anexo

Olá, Adriana,

Que tal dar um *up* nesse visual???

Temos uma oferta exclusiva para você!

Se cortar e tingir seu cabelo esta semana, você ganha uma hidratação totalmente grátis.

Venha logo! Agende no nosso *site* (www...)

Abs,

Salão Arrasou

Enviar

Assunto: Ideia oferta do salão   **Anexo** 📎

Cláudia, boa tarde! Tudo bem?

A equipe do ABC sugeriu uma promoção para as nossas clientes fiéis.

Pensamos em oferecer uma hidratação grátis para as clientes assíduas que fazem corte e coloração. O que acha?

Se concordar, pensamos em divulgar pelo *e-mail* cadastrado dessas clientes.

Por favor, analise nossa ideia.

Abs,
Marcela e equipe unidade ABC

Salão Arrasou
(www.salaoarrasou...)

Enviar ➤

Assunto: Projeto microescovas   **Anexo** 📎

Giovanna,

Na reunião da diretoria, a gente decidiu que você vai tocar o projeto das microescovas.

Entre em contato com o Victor para saber mais detalhes. Ele está por dentro de tudo.

A gente se fala depois do almoço por telefone.

Maurílio

Enviar ➤

Assunto: Microescovas para polimento de metais   **Anexo** 📎

Prezado cliente,

Estamos ampliando nossa linha de produtos. Agora, além das escovas para polimento de metais em geral, lançamos as microescovas para limpeza de acessórios de cristal.

Seu design permite limpar as faces e as interfaces das peças com toda a delicadeza que elas merecem.

Também renovamos nosso site (www...), que está mais visual e interativo. As novas escovas aparecem em ilustrações coloridas.

Com certeza os lustres de sua loja ganharão um brilho ainda mais especial.

Aguardamos seu contato.

Abraço,
Lucas Albuch Romal.
Super Metais

Enviar ➤

O assunto do *e-mail*

Pode parecer óbvio o que vai no assunto do *e-mail*, que qualquer coisa ou uma ou outra palavra do que se pretende com o texto é o suficiente, mas não é bem assim.

O conjunto de palavras do assunto deve, além de refletir o que o texto traz, despertar a atenção e o interesse do leitor (primeiras etapas da função AIDA da comunicação). Algumas vezes, pode levá-lo a dar prioridade a ele (quando usa a palavra ou a sinalização de **urgente**, por exemplo).

@tenção!

Muitas vezes, para facilitar, usamos um *e-mail* já recebido como resposta, para aproveitar o endereço, e passamos uma nova mensagem com o mesmo título do assunto. Terrível! A pessoa pode achar que foi um descaso ou não entender nada e até mesmo ignorar o *e-mail* recebido.
Se aproveitar um *e-mail* antigo, tenha o cuidado de apagar tudo o que ele continha e também mudar o assunto. A repetição só serve para o endereço mesmo!

Comentários

Cuidado! Defenda seu ponto de vista com elegância, sem ofender a pessoa que postou alguma coisa. Não seja como muita gente que, por não estar sendo vista ou por usar um pseudônimo, acha-se no direito de dizer absolutamente tudo o que pensa, sem a menor preocupação com o conteúdo e até mesmo com a gramática.

SEJA ELEGANTE SEMPRE, EM QUALQUER CIRCUNSTÂNCIA.

EM OUTRAS PALAVRAS: SEJA ÉTICO.

Compartilhamentos x direitos

Na *web*, muitos agem como se acreditassem que, uma vez publicado o conteúdo, ele se torna domínio público, que não há problema algum em compartilhar. Muito se engana quem pensa assim. As consequências de um ato como esse podem ser irremediáveis.

É verdade que, até pouco tempo, a internet era terra de ninguém, e de todo mundo ao mesmo tempo. Hoje, contamos com **iniciativas e leis que regulamentam nossos passos como emissor**, como vimos no Marco Civil da Internet, na unidade 2.

Mas, mesmo antes da Lei de 2014, já existiam leis que protegem a privacidade do cidadão e a sua propriedade intelectual, como a Lei n. 9.610, de 19 de fevereiro de 1998, dos **direitos autorais**.

A lei determina que, sem autorização do autor (ou do titular detentor dos direitos da obra), é vedada a reprodução, sob pena de indenização por danos patrimoniais e morais, em especial com finalidade comercial (GAMA, 1999).

Na lei 9.610, no Título III, Capítulo IV, artigo 46 paragráfo I trata das possibilidades de reprodução:

> [...] na imprensa diária ou periódica, de notícia ou de artigo informativo [...] com a menção do nome do autor, se assinados, e da publicação de onde foram transcritos, [...] discursos pronunciados em reuniões públicas [...] de obras literárias, artísticas ou científicas, para uso exclusivo de deficientes visuais, sempre que a reprodução, sem fins comerciais, [...] a citação em livros, jornais, revistas ou qualquer outro meio de comunicação, de passagens de qualquer obra, para fins de estudo, crítica ou polêmica, na medida justificada para o fim a atingir, indicando-se o nome do autor e a origem da obra; [...] São livres as paráfrases e paródias que não forem verdadeiras reproduções da obra; [...] obras situadas permanentemente em logradouros públicos podem ser representadas livremente, por meio de pinturas, desenhos, fotografias e procedimentos audiovisuais (Brasil, 2019).

Direito de imagem e voz

No caso de uma pessoa que aparece em uma foto com nitidez, e não na multidão, em local privado ou público, essa pessoa pode ou não querer autorizar o uso da sua imagem. E o profissional (ou o amador) que a fotografou (ou filmou) também possui seu direito autoral da obra (foto/filme). Sem a permissão de ambos, não pode haver a reprodução (ou compartilhamento) da imagem ou do audiovisual.

Isso também acontece em relação à voz gravada, seja na entrevista ou qualquer material audiovisual, mesmo que a própria pessoa tenha postado em sua *timeline* no perfil da mídia social. Afinal, só tornou público no seu próprio perfil.

Enfim, procure solicitar a autorização de voz e imagem antes de se apropriar de algo alheio.

O risco de um processo é muito grande, e a indenização também pode ter um alto valor.

Essa autorização precisa ser por escrito, datada e assinada, de preferência com duas testemunhas, identificando corretamente as partes envolvidas, determinando onde, como e por quanto tempo o material será utilizado.

Cuidado também com o uso de ilustrações e fotografias disponíveis na *web*, mesmo quando você digita gratuitamente (ou *free*). Provavelmente, encontrará uma imagem que pertence ao banco de imagens e/ou artistas que podem facilmente rastrear os salvamentos (*downloads*), identificando quando e onde ocorreram pelo seu IP (endereço de acesso). A cobrança virá pelo valor do uso da imagem, principalmente as baixadas em alta resolução e para fins comerciais. Isso sem falar em multas e custas processuais, quando usar indevidamente, sem autorização.

Por falar em direitos...

> Há banco de imagens gratuitos, mas, mesmo assim, é necessário citar o autor da obra e o *site* de origem do *download*. E confira se pode ou não ser usado por determinada finalidade (comercial, estudantil, etc).
>
> **#SuperDica**

Como fica a questão dos gêneros das palavras?

Na redação de conteúdo para *web*, falamos o tempo todo na questão ética expressa em palavras e frases que respeitem os direitos do outro.

Mas a língua formal não contempla ainda, em sua gramática, a diversidade de gêneros. Prevalece a regra da concordância nominal apenas com as opções feminino e masculino.

Está havendo uma tentativa, em textos informais e comerciais de *blogs* e perfis das mídias sociais, de falar diretamente para *personas* de diferentes gêneros utilizando a terminação **(x)/ (xs)** dos substantivos e dos adjetivos e suas variações – Car**(x)** consumidor**(x)**, d**(x)**, etc. (em vez de **a/o, as/os/, do...**). Também se costuma substituir o que marca o gênero por@ "car@s amigos"...

Na verdade, a adoção desse tipo de código, pelo menos pelos órgãos oficiais, parece que ainda demora. Aguardemos.

O processo criativo e os novos *drivers* do redator

Já que é fato consumado o novo jeito de ler e escrever na *web*, não seria diferente em relação aos mecanismos criativos para idealizar o seu conteúdo. Como vimos no caso da diversidade e em vários outros, o pré-requisito é abolir os julgamentos tradicionais, sem preconceito sobre nada.

Antes mesmo de começar a escrever usando os recursos e as ferramentas apresentadas neste livro, você precisará renovar seu *drivers* (gatilhos mentais) na hora da criação.

Você pode começar em uma imersão contemplativa na Persona Canvas para relembrar com quem realmente precisa conversar. Depois, usar técnicas de *brainstorming* (reunião de "tempestade de ideias", em que o erro é não falar o que pensa), compartilhando ideias e contextos da *persona* com colegas de trabalho ou com as pessoas que mais se aproximem do *target*.

Aí, então, inicie seu processo criativo. O mais natural é começar pela associação em torno das palavras-chave do universo temático da persona e, aos poucos, buscar o distanciamento delas ou o cruzamento com outros termos do repertório do receptor.

> O processo mental que convém à primeira etapa criativa (chamada distanciamento ou divergência) é a mecânica associacionista. [...] Devemos começar "quebrando o problema", como se diz. [...] O pensamento associativo é incoerente, irracional e ilógico. [...] a ferramenta adequada à segunda etapa (convergência ou cruzamento) é a mecânica Gestalt, de construção de novas formas. (AZNAR, 2001, p. 38-39)

Com os *drivers* desbloqueados para o novo, você pode recorrer à antiga técnica da palavra-puxa--palavra, há muito tempo usada por escritores de obras literárias.

Trata-se da analogia sequencial do pensamento, em que uma palavra puxa outra (por associação, distanciamento e cruzamento), podendo incluir imagens e outros símbolos.

Aqui, vale utilizar um recurso visual: o mapa mental, outro recurso das metodologias ágeis de criação e planejamento.

No exemplo a seguir, consideramos a palavra inicial **web** e depois puxamos outras associações.

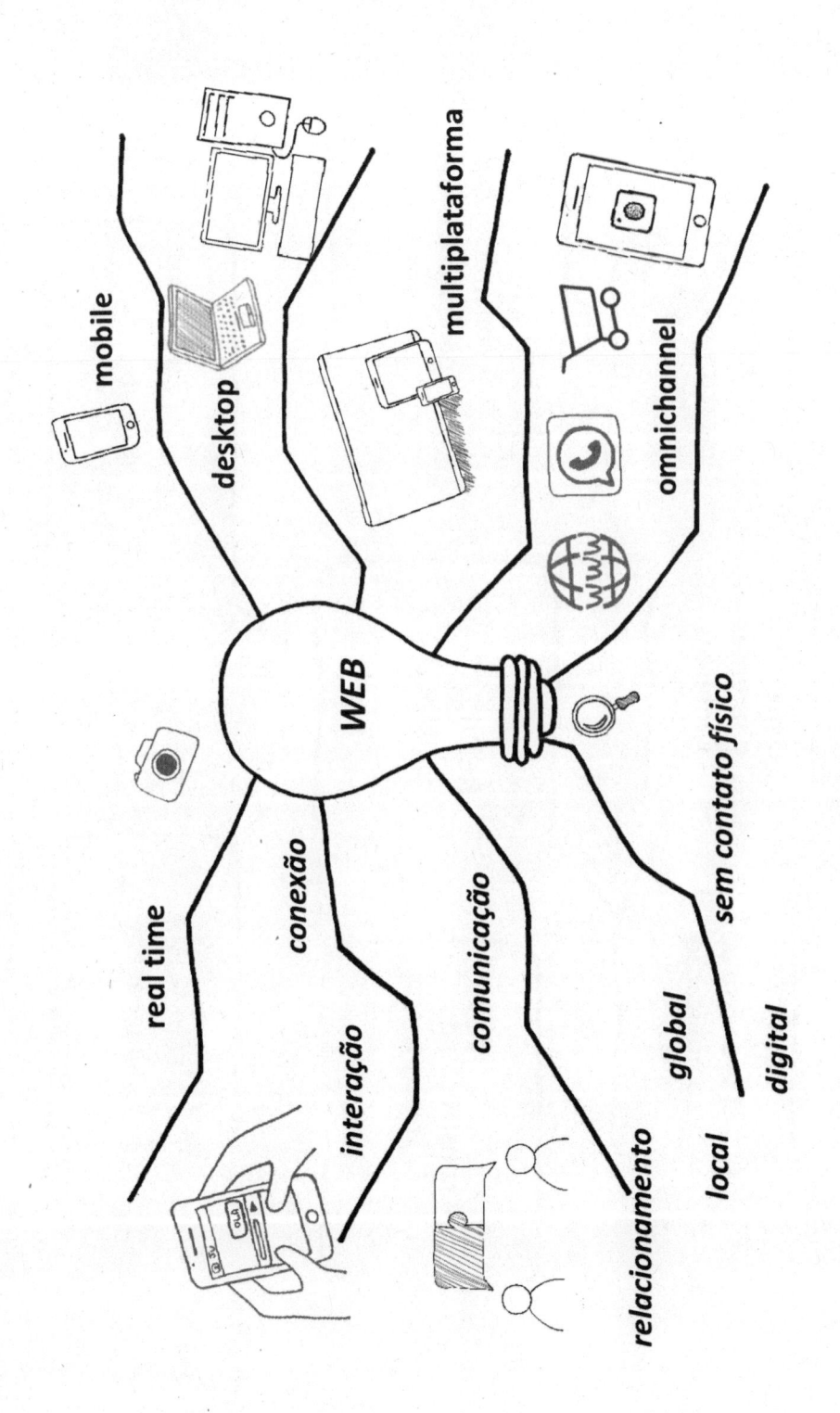

REDAÇÃO DE CONTEÚDO WEB 229

mobile
desktop
multiplataforma
omnichannel
real time
conexão
interação
comunicação
relacionamento
global
local
sem contato físico
digital

WEB

REDAÇÃO DE CONTEÚDO

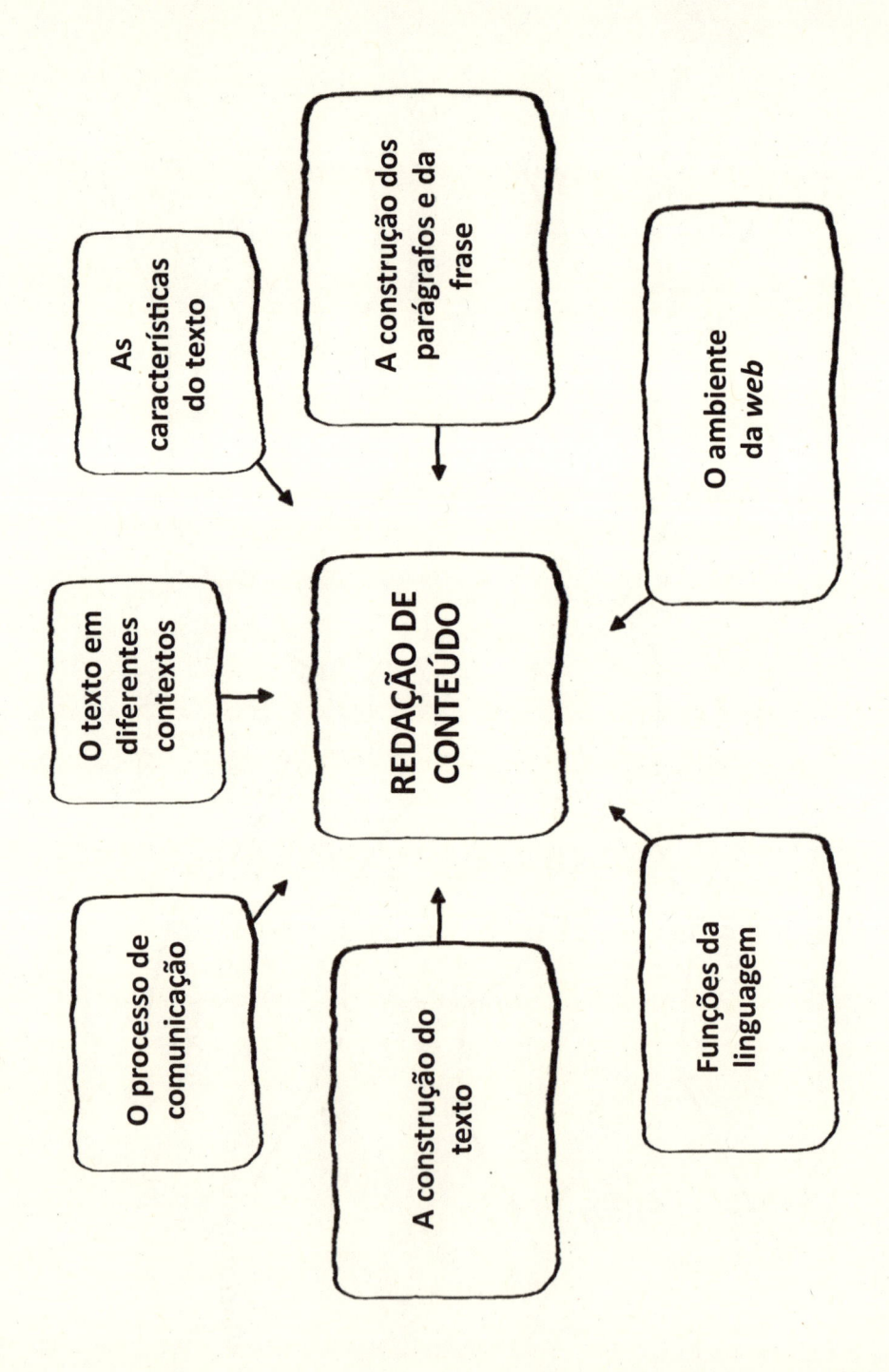

- As características do texto
- A construção dos parágrafos e da frase
- O ambiente da *web*
- O texto em diferentes contextos
- O processo de comunicação
- A construção do texto
- Funções da linguagem

13
O WEBWRITER FREELANCER

Já pensou em ser redator de "jobs freelas" para a web?

***Webwriter*, redator de conteúdo, *webdesigner* de conteúdo, produtor de conteúdo *web*... vários nomes para a profissão em alta na era digital.**

Agências de comunicação, corporações e empresas de todos os portes e segmentos estão procurando quem tenha talento de múltiplas competências para criar e redigir conteúdo *web* para suas mídias proprietárias (*owned media*, em inglês) – os canais em que as próprias marcas são os editores de conteúdo.

Qualquer negócio da era digital precisa estar *on-line,* em uma estratégia de conteúdo *omnichannel* (múltiplos canais convergentes integrados, inclusive aos seus endereços físicos, no caso das empresas de serviços e do comércio varejista).

Até os empreendedores individuais, as micro e as pequenas empresas estão nessa onda. A maioria por uma questão econômica prefere contratar um profissional *freelancer* para a curadoria de seus canais.

As empresas têm contratado como autônomo ou por terceirização para jobs "freelas", ou ainda por contratos semestrais/anuais. Assim, esse redator de conteúdo *freelancer* cria, desenvolve e monitora canais e *posts* com alta qualidade textual e bons *insights* criativos, em uma relação custo-benefício considerada mais vantajosa pelas empresas.

@tenção!

Por conteúdo, entendemos todas as informações que você transmite, o posicionamento sobre determinada ideia, o ponto de vista que defende em seu nome ou em nome de quem o contrata para redigir o conteúdo. Pode estar ou não ligado ao produto ou aos valores da marca, mas, com certeza, está centrado no perfil do público-alvo e no universo temático relevante para a persona.

Eis alguns passos para você se tornar um bom redator de conteúdo *web*:

1 Siga o *briefing* (ou a pauta)

Geralmente, quem procura um redator *freela* já tem em mente o que quer, só que, por falta de tempo, de habilidade para escrever e desconhecimento da linguagem da *web*, passa essa tarefa adiante.

Afinal, manter vários canais interativos com *feedbacks* respondidos em tempo real e monitorando frequente as personas, como vimos, requer muita dedicação, conhecimento técnico e habilidade criativa, além de muitas estratégicas no planejamento do conteúdo.

Se essa pessoa o procurou é porque confia em você.

Por isso, é fundamental que, antes de se encontrar com o cliente, você pesquise na *web* sobre a empresa (seu *site* e os demais canais), seu mercado e seus concorrentes. Na primeira reunião, procure ouvir a pessoa que o procurou atentamente, anotando exatamente o que ela quer, para não perder o foco na hora de escrever. E tire algumas dúvidas na sua pesquisa prévia. Depois, resuma tudo em um documento de até duas páginas (faça o *briefing*).

Mas não se contente somente com as informações passadas. É importante enriquecer seu *briefing* com pesquisas aprofundadas (primárias e secundárias) constantemente.

Também não deixe de entrar em contato sempre que precisar confirmar algum detalhe ou mesmo verificar alguma contradição.

2 Crie *persona(s)* e planeje a programação dos conteúdos

Toda marca precisa ter a definição do seu posicionamento no mercado (como o cliente a percebe) e o perfil do *target* (perfil embasado no resultado da coleta de dados).

Na *web*, precisa buscar a subsegmentação em *clusters*, traçados com base em dados demográficos, geográficos, psicológicos e comportamentais, coletados em ferramentas Analytics e em imersão netnográfica/etnográfica, ou com outros tipos de pesquisas.

Em seguida, precisa criar de três a seis personas (número adotado até por muitas marcas multinacionais, pelo menos enquanto um *software* de Inteligência Artificial – IA – não fizer esse estudo...).

Relembre as **unidades 10 e 11. Volte a elas se necessário.** Depois, pense nas estratégias básicas de mídia, definindo:

- Dispositivos (*mobile* ou *desktop*);

- Canais de *owned media* (mídia proprietária – *sites*, *blogs*, *newsletters*, perfis sociais, chats, etc.), de *paid media* (mídia paga – anúncios publicitários, compra de palavras-chave para *Links* Patrocinados dos buscadores), de *earned media* (mídia conquistada – a nota da imprensa, o comentário do influenciador, etc.) e de *shared media/media social* (mídia conquistada por compartilhamento em mídias sociais – *posts* "virais", *reposts*, etc.);

• Meios (o como comunicar – a matéria do blog, a *newsletter* por e-mail, o *story* em perfil social, o *podcast* no *site*, o *banner* interativo em portal de notícias, etc.);

• Veículos (empresas de mídias, como Facebook, Google AdWords, etc.);

• Alcance de público (percentual a ser atingido no objetivo de comunicação da empresa);

• Frequência média (quantas vezes o público deve visualizar as impressões do anúncio para garantir a efetividade da função AIDA) sem causar rejeição por excesso);

• Distribuição da verba entre os veículos e as ações integradas prioritárias, complementares e de apoio, conforme sua estratégia de divulgação.

Então comece a planejar o conteúdo editorial para cada *post*, elaborando um painel como aquele da unidade anterior, com destaque para o universo temático e as palavras-chave de cada persona.

E que tal fazer uma análise crítica das plataformas/canais/formatos/ferramentas mais adequados para seu cliente? Seguem alguns exemplos:

Tabela 2 – Análise de melhores mídias para a marca

Canais (ou outro item analisado)	Vantagem	Desvantagem	Como usar (otimizando o uso)	Aceitação/ Feedback persona
Meio: *banner* virtual Canal: portal da *Sou Empreendedora* (da revista fictícia)	Aumento de visibilidade, alcance abrangente do *cluster*.	Investimento alto se contratada a diária e incerto se custo por clique.	Melhor se interativo, com *rich media* e botão *call-to-action* (ação de contato – *e-mail*, telefone, etc.). Ideal para ofertas especiais por perfil direcionado.	*Clique no link* é interessante. Retorno imediato.
Meio: *story* Canal: Instagram Dispositivo: *mobile*	Interação, reforço de mensagem.	Difícil controle da repercussão. Pouco tempo de divulgação e necessidade de reforço constante.	Vídeo com empreendedor falando sozinho, como se tivesse respondendo a uma entrevista para depoimento de *cases* de sucesso. Até dez segundos. Salvar depois para histórico de boas práticas.	Alta aceitação. Reação imediata por *emojis* de curtidas, etc.

#AgoraVC

Complete com informações de um cliente real ou fictício. Exercite

Canais (ou outro item analisado)	Vantagem	Desvantagem	Como usar (otimizando o uso)	Aceitação/ Feedback *persona*

3 Persiga e mantenha o foco no tema e nas palavras-chave

Vimos a importância de não fugir do tema. No caso da redação dos conteúdos da *web*, do propósito comunicacional e do universo temático da persona, há também a necessidade de **evidenciar o vínculo entre emissor e receptor.**

Você deve sempre focar no tema. É muito importante que o título seja chamativo, mas que também transmita exatamente o seu objetivo.
E o mesmo podemos dizer das palavras-chave. Elas são fundamentais na busca da *web*, pois levam diretamente ao seu texto.

A indexação (ranqueamento e relevância do algoritmo) do seu conteúdo na *web* acontece por meio das URLs (endereços virtuais das páginas) das *meta tags* (códigos embasados nas palavras-chave) dos títulos (*title tag* – H1, H2...) e das descrições das páginas divulgadas nos buscadores da *web* (*meta description*).

Há profissionais especializados em Search Engine Optimization (SEO – Otimização para Mecanismo de Busca), que desenvolvem estratégias para melhorar a indexação na busca orgânica (aquele resultado de busca que não é pago).

4 Elabore chamadas e conteúdos atrativos e funcionais

Aqui, quanto mais criativo, melhor! Você pode destacar o título e o texto, utilizando estratégias de humor ou testemunhal (influenciador/autoridade). Pode criar anúncio/*post all type* (só texto) ou *no type* (só imagem), multimídia e multissensorial, etc. Tudo que possa atrair mais leitores para o seu conteúdo.

Comece pensando na **URL "amigável"** da página. Ela deve ser: curta, clara, criativa e, principalmente, refletir as palavras-chave e o título do conteúdo, além da marca do cliente. Cada palavra escrita mais à esquerda representa para os buscadores aquilo de mais relevância no conteúdo.

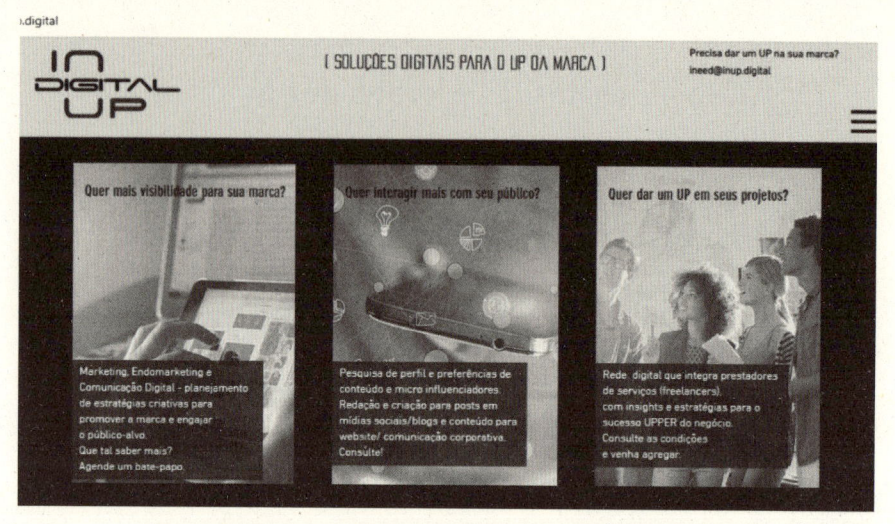

Exemplo 1 – **URL** **amigável de página** *home*:
www.inup.digital/marketing-digital

Observe que, mais à esquerda, há a marca (**inUP**). O domínio é **.digital** (mais específico do que o .com ou .com.br). Depois, da barra vem a identificação do negócio da inUP (marketing digital). A home continuará sendo apresentada pelo domínio www.inup.digital, mas essa estratégia ajudará no ranqueamento do buscador.

Exemplo 2 – **URL** **amigável de página blog**:
https://www.inup.digital/blog-gurup-marketing-digital

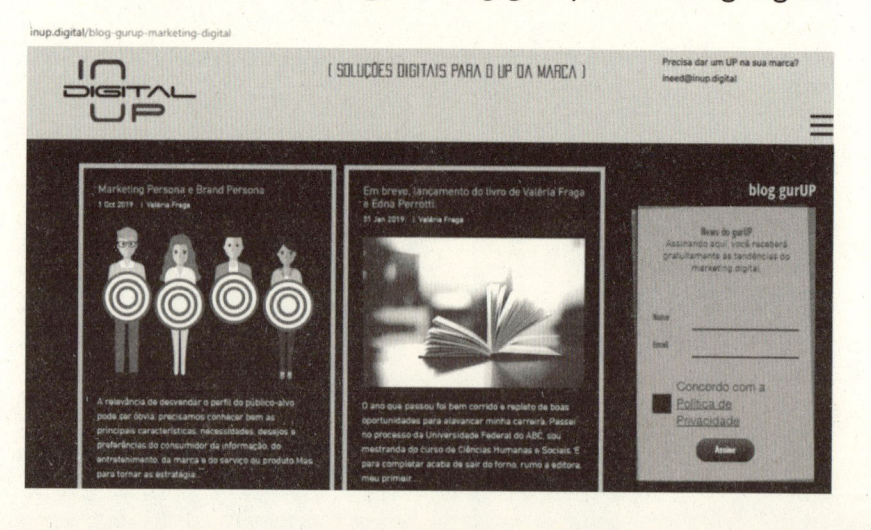

Primeiro aparece no endereço a identificação https (este último s significa site seguro). Novamente, mais à esquerda há a marca e o domínio. Em seguida, a identificação do assunto principal (*blog*) + complementos separados por hífen (nome do blog e palavras-chave), tudo sem cedilha e sem acentuação, porque a URL não aceita outra forma.

O ***title tag*** na web não é apenas algo para chamar a atenção, mas um importante recurso de categorização da qualidade do conteúdo e de codificação html. Representa o título da página de um conteúdo ou seu subtítulo, que será exibido pelo buscador.

Por isso, precisa ser claro, conciso e utilizar uma ou mais palavras-chave. No exemplo da inUP, o título que aparece para os buscadores é: inUP Digital Marketing Comunicação Digital do Grande ABC SP, com menos de 60 caracteres. O ideal para otimizar a busca por região de atuação.

No entanto, muitas vezes o buscador não encontra o title tag configurado. Então, recorre aos heading tags, que são os títulos do cabeçalho ou inseridos no texto de cada página. São como um sumário de relevância. Vai da escala de H1 para H6, sendo a primeira a mais importante de todo o site, a que trata do seu conteúdo mais relevante, mais identificável com seu propósito. Veja a seguir como cada heading tag deve ser usada para o melhor otimização das buscas:

• H1 – título principal da página (por exemplo, o nome do site com a marca e a área de atuação, que deve ser único para o site).

- H2 – subtítulo mais importante da página (que pode ser diferente em cada página do site).
- H3 – outro subtítulo com grau de relevância menor (pode haver mais de um por página).
- H4, H5 e H6 – não devem ser usadas para não confundir o buscador, a não ser que também reforcem as principais palavras-chave usadas na página.

Exemplos para case inUP:

H1 (em todas as páginas do site)
inUP Marketing Digital – O UP da marca

H2 (na home do site)
InUP serviços de marketing e comunicação digital

H3 (na home do site)
inUP clientes que deram um UP nas suas marcas

> Outra estratégia SEO é não classificar os parágrafos como *heading tag* (H1, H2, H3, H4...). Primeiro, porque uma frase conterá outros termos além das palavras-chave. E, depois, porque podem representar um exagero de *keywords* para o buscador, desqualificando o conteúdo na sua indexação.
>
> **#SuperDica**

Como a **meta description** será a primeira parte do seu conteúdo a ser visualizado pelo receptor, deve apresentar um resumo atrativo de cada página. Essa descrição não é relevante para o ranking, mas é crucial para promover seu conteúdo perante a alta concorrência dos resultados do buscador. São cerca de 150 caracteres, lidos em segundos, a fim de iniciar a **função AIDA** do conteúdo (atenção e interesse).

Exemplo *meta description*:

> A inUP oferece consultoria e treinamento de marketing digital para pequenos e médios negócios. É a incubadora que dá um UP na sua marca.

Na criação de *meta tags*, a função conativa (ou apelativa) é tão importante quanto o uso das palavras-chave. Fale com o seu leitor. Faça-o se sentir único, como se o texto tivesse sido criado exatamente para ele (daí a importância de ter bem definido o perfil da persona).

> GARANTIR A INTERATIVIDADE É DE EXTREMA IMPORTÂNCIA NA DIVULGAÇÃO DE UMA INSTITUIÇÃO, UM PRODUTO OU UM SERVIÇO, OU QUALQUER OUTRO CONTEÚDO.

Se o receptor considerar que o texto foi escrito para ele, sentirá necessidade de curtir, tecer comentários, interagir nas mídias sociais ou nos canais de contato direto (*e-mail, chat, SMS,* etc.).

Na redação do conteúdo, recorra a imagens, a sons, a vídeos, a testemunhos autorizados, a *e-books, podcasts, slides*, entre outros.

As imagens também possuem *title tags* e descrições do tipo *"alt tag"*, são uma alternativa para revelar seu conteúdo e seu simbolismo, garantindo a ampla acessibilidade e uma melhor indexação.

Exemplo:

```
<img src="jardim-florido.png"
title="Jardim-da- linda-primavera"
alt="Jardim-de-muitas-flores-amarelas-e-brancas">
```

5 Estruture seu texto de forma agradável

Tudo o que já dissemos a respeito do texto entra aqui e agora.

- Crie parágrafos curtos, com frases bem construídas, estabelecendo a conexão entre elas.

- Se o parágrafo for longo, subdivida-o em blocos.

- Mantenha a coerência entre as ideias.

Por falar em coerência, é muito importante que você leve em conta não somente essa característica do texto, mas todas as outras vistas na unidade 5: intencionalidade, situacionalidade, informatividade, intertextualidade, coesão, coerência e aceitabilidade.

Se necessário, use *bullet points* (marcadores).

Observe o paralelismo

Se usar o verbo no infinito – *conhecer, aplicar, adaptar, desenvolver, pedir* – , mantenha-o em todos os tópicos.

Isso também vale para o imperativo – *conheça, aplique, adapte, desenvolva, peça* – e para substantivos – *conhecimento, aplicação, adaptação, desenvolvimento, pedido*.

Lembre-se: na web menos é mais!

Escreva textos curtos. Estabeleça *links* de tal forma que o receptor jamais perca o foco do que você está tratando.

Leia e releia o que escreveu. Se possível, retome-o depois de um dia ou dois.

O distanciamento faz que você o leia com mais objetividade, como se fosse o receptor da mensagem, não mais o emissor.

Observe se você:

- atingiu o objetivo, se manteve o foco **(intencionalidade)**.

- situou o leitor para que entendesse do que você está tratando **(situacionalidade)**.

- apresentou informações pertinentes do produto/ da empresa ao receptor **(informatividade)**.

- relacionou as ideias com conectores apropriados ou, na ausência deles, com orações justapostas com ideias relacionadas entre si **(coesão)**.

- manteve uma relação coerente entre as ideias **(coerência)**.

- indicou a fonte de onde tirou determinada ideia, caso tenha utilizado partes do texto de outro autor **(intertextualidade)**.

- seguiu o padrão de linguagem exigido para o texto da *web*, verificando os aspectos gramaticais – pontuação, concordância, regência, colocação dos termos na oração, acento indicativo de crase, ortografia, entre outros **(aceitabilidade)**.

Veja um bom exemplo de redação de conteúdo na *web* seguindo essas características. Quem o escreveu defende a necessidade de produtos para quem atingiu a terceira idade e convida para um evento programado para esse público.

Evento irá celebrar a beleza da mulher madura
Bete Marin

Pela primeira vez teremos um evento que irá celebrar a beleza da mulher madura, no **Dia Internacional da Mulher** (8 de março). www.belezapura.news
O mundo está mudando. Neste exato minuto, enquanto milhões debatem a forma de lidar com as jovens no mundo da beleza e da moda, o planeta envelhece. Os números não mentem. No Brasil, a geração prateada, com mais de 60 anos, já alcançou 30 milhões de pessoas. Trata-se de um dos países com um dos envelhecimentos populacionais mais acelerados do mundo. Em 32 anos, o Brasil será o sexto com maior parcela da população 60+, estando à frente de todos os países em desenvolvimento.
E a gente se pergunta: – se a cada ano temos mais mulheres maduras no Brasil, por que sentimos tanta falta de produtos adequados para as nossas necessidades?

- Roupas mais modernas e com modelagem para o nosso corpo.
- Sapatos modernos e bonitos, porém confortáveis.
- Cremes adequados ao nosso momento.
- Maquiagem apropriada.
- Soluções especiais para os nossos cabelos.
- Atendimento sob medida para o nosso estilo de vida.

Seria a falta de produtos a razão de não estarmos nas propagandas, nas fotos, nos catálogos, nos desfiles?

Ou seria por preconceito mesmo?

Alguém aí já teve a sensação de ser invisível no comércio de beleza e moda?

Temos de mostrar ao mundo o poder das mulheres maduras no Brasil. Vamos ampliar o movimento Beleza Pura.

O dia **8 de março**, **Dia Internacional da Mulher**, será a nossa data. Pela primeira vez vamos ter as mulheres maduras no centro da homenagem. A programação do **evento Beleza Pura** foi desenhada a partir de um estudo que aprofundou questões sobre como se sentem, o que desejam consumir e como querem ser atendidas as mulheres com idade de 50 anos ou mais, realizada pelo Hype60+ com o Instituto da Clarice Herzog, em novembro de 2018.
Veja a programação completa no *site*: Belezapura.news.[35]

---

35 Disponível em: <http://amominhaidade.com.br/beleza/evento-ira-celebrar-beleza-da-mulher-madura/>. Acesso em: 19 dez. 2018.

Quem escreveu (a redatora do conteúdo) não faz parte do público a que o texto se destina, mas utilizou a linguagem de forma a provocar interatividade, como se fosse uma pessoa que pertencesse à terceira idade.

Não importa a idade que você tenha nem o conteúdo que precisa desenvolver. Informe-se. Pesquise. E construa um texto com conteúdo relevante, valioso.

Desenvolva seu texto de forma a atrair mais e mais pessoas para o que você está transmitindo, ainda que seja para discordarem das suas ideias.

Finalmente: mostre seu texto a outra pessoa para que ela palpite sobre ele.

ACREDITE NO SEU POTENCIAL DE REDATOR.
É PRATICANDO A ESCRITA QUE SUA
HABILIDADE SE DESENVOLVE.

QUINTA PARTE
TOP FIVE DAS DICAS GRAMATICAIS

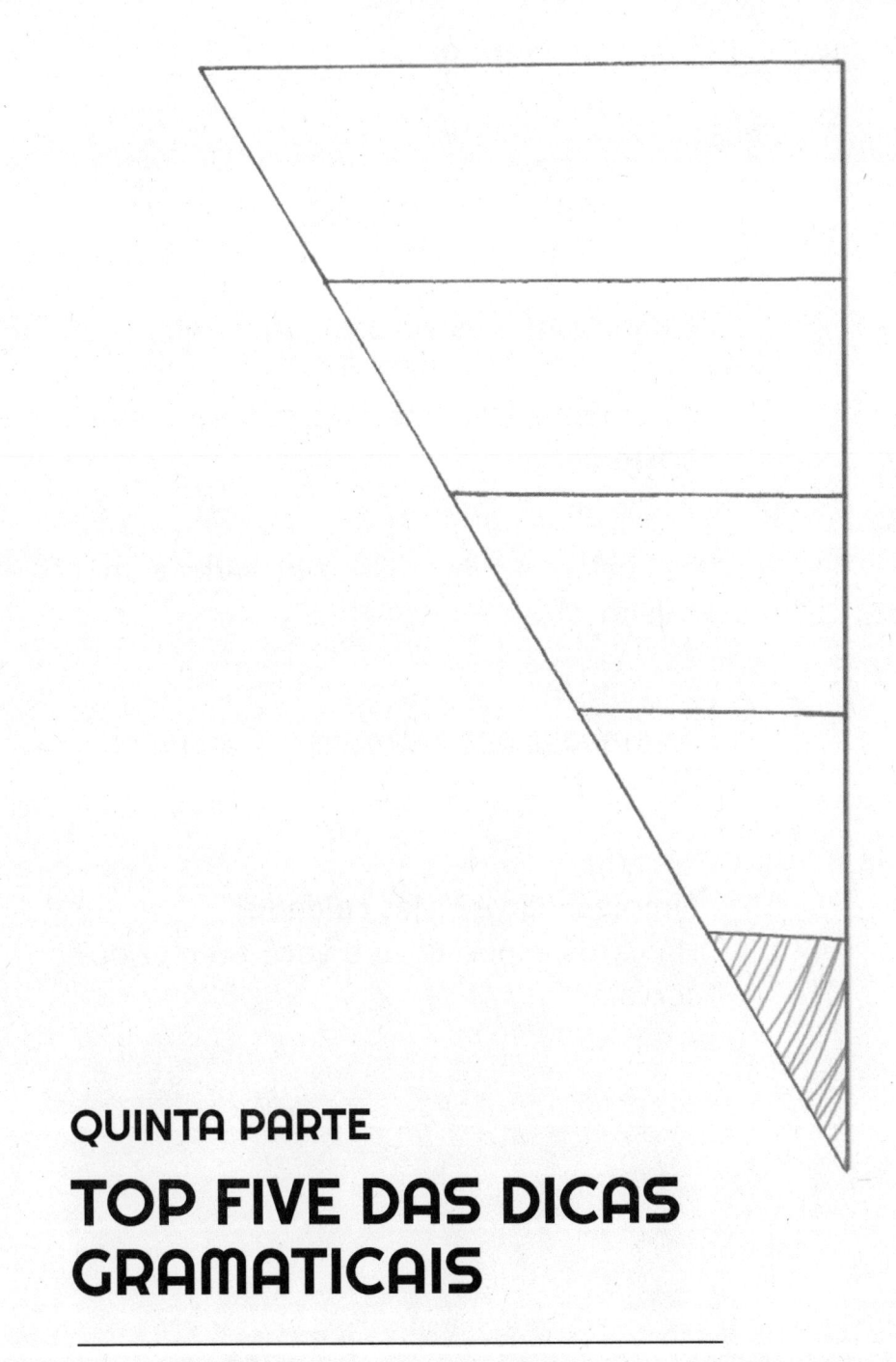

TOP 1 – CONCORDÂNCIA VERBAL

Quando você escreve em um *e-mail*:

As embalagens amarelas seguirão pelos Correios,

estabelece a concordância do verbo com o sujeito:

As embalagens amarelas seguirão pelos Correios.

Simples, não é? Mas cuidado!
Há casos especiais que você precisa observar.

VERBO DEPOIS DO SUJEITO

A concordância é feita em número e pessoa:

Eu fico muito tempo na internet.

Nós ficamos muito tempo na internet.

Jovens e adultos ficam muito tempo na internet.

A lista dos aprovados no vestibular é aguardada pelos jovens e seus pais.

VERBO ANTES DO SUJEITO

• **Um só núcleo**, a concordância é feita com o sujeito:

Na internet ficamos nós muito tempo.

É aguardada pelos jovens e seus pais a lista dos aprovados no vestibular.

São aguardadas pelos jovens e pelos seus pais as listas dos aprovados no vestibular.

VERBO ANTES DO SUJEITO

- **Dois ou mais núcleos**: o verbo pode ir para o plural, na pessoa que prevalece:

    Na internet ficamos apenas eu e papai por muito tempo.

    Ficam muito tempo na internet este menino e sua irmã.

- **Dois ou mais núcleos**, a concordância pode ser **com o sujeito mais próximo**:

    Na internet fico apenas eu e papai por muito tempo.

VERBO + SE

Concordância se faz com o sujeito:

Extraviaram-**se** encomendas de Natal.
(Encomendas foram extraviadas.)

Vendem-**se** produtos sem agrotóxico.
(Produtos são vendidos...)

Observação: quando o sujeito é indeterminado (com ou sem preposição) o verbo fica sempre no singular:

Precisa-se de produtos sem agrotóxico.
(Alguém precisa de produtos...)
Vive-se bem aqui.

UM DOS... QUE

Verbo de preferência no plural:

Regis é um dos que mais estudam.

SUJEITOS UNIDOS POR OU

- **Se houver ideia de exclusão**, verbo no singular:

    Almerinda ou Aurora será a nova diretora.

- **Se não houver ideia de exclusão**, o verbo vai para o plural:

    Regina ou Miriam recebem os convidados.

PORCENTAGEM SEGUIDA DE NOME :

- **No singular** → verbo no singular:

    30% do hospital está sem energia.

- **No plural** → verbo no plural:

    30% dos médicos estão em cirurgia.

HAVER NO SENTIDO DE EXISTIR

> **Há** hoje muitos recursos tecnológicos disponíveis para o ensino a distância.
> **Haverá** muitos convidados para o lançamento do livro.
> **Deve haver** pessoas que dominam esse assunto melhor que eu.
>
> Nesses três casos, **o verbo haver** foi empregado **no sentido de existir**, sem sujeito. Por isso, **permanece no singular**.

FAZER INDICANDO TEMPO

> **Faz** mais de 30 anos que comecei a trabalhar com educação a distância.
>
> **Vai fazer** uns 20 anos que apresentei esse projeto à Universidade.
>
> Nesses dois casos, **o verbo fazer** foi empregado **no sentido de tempo**, sem sujeito.
>
> Por isso, **permanece no singular**.

VERBO SER

Geralmente a concordância se faz com a palavra que vem depois dele:

O cardápio são saladas.

Nada são flores.

O responsável sou eu.

O verbo **ser** só concorda com a palavra que vem antes dele quando:

• essa palavra se refere a pessoa ou a nome de pessoa:

Ivani era só ternuras com o bebê.

Marilena é só sorrisos com os netos.

• a palavra que vem depois do verbo é um substantivo abstrato:

Os livros são a minha vida. (vida= substantivo abstrato)

TOP 2 – CRASE (A + A = À)

Fomos a faculdade? ou **Fomos à faculdade?**

Se lembrarmos que crase é a fusão de duas vogais idênticas (a + a), fica mais fácil usarmos com segurança o acento que indica a sua presença. Antes de mais nada, você precisa saber se o verbo ou o nome que antecede a palavra exige a preposição **a**.

Uma forma fácil de saber é usar como complemento um substantivo masculino:

> Referiu-se ao fato. / Fez alusão ao fato.

Aparece um **a** exigido pelo verbo ("referir-se a") ou pelo nome ("alusão a"), assim como o artigo **o** (o fato):

> Referiu-se a + o fato. / Fez alusão a + o fato.

Substituindo por uma palavra feminina, você terá:

> Referiu-se a + a novela. / Fez alusão a + a novela.
>
> Logo: Referiu-se à novela. / Fez alusão à novela

FUSÃO

A fusão de a + a é assinalada pelo acento:

Referiu-se à novela. / Fez alusão à novela.

Esse processo também vai ocorrer quando o **a** que acompanha o verbo ou o nome se encontra com o pronome **aquela(s)**:

Referiu-se àquelas [a + aquelas] novelas. / Fez alusão àquelas [a + aquelas] novelas.

SUBSTITUIÇÃO DO COMPLEMENTO

Se, ao substituir o complemento feminino por um complemento masculino, surgir **ao** ou **aos**, você utilizará no lugar, respectivamente, **à/àquela** e **às/àquelas**.

A regra vale também para **a que, a qual, as quais**:

A praia igual à que visitei.
O local igual **ao** que visitei.
As praias às quais se refere.
Os locais **aos** quais se refere.

CRASE COM NOME DE LUGARES

Vou a Bahia ou **Vou à Bahia.**

Se tiver dúvida ao escrever, faça a substituição pelo verbo **voltar**:

Voltei **da** Bahia.

Apareceu um **a (da)**. Logo: Vou **à** Bahia.

Irei a Santa Catarina.

Voltei **de** Santa Catarina.

Não apareceu nenhum **a**. Logo: Irei **a** Santa Catarina.

Contudo...

Vou **à** bela Santa Catarina (Voltou **da** bela Santa Catarina).

E pelo mesmo motivo:

Chega hoje **à** maravilhosa Paris. (Voltou da maravilhosa Paris).

CRASE COM NOMES MASCULINOS

Haverá crase somente em dois casos:

- Antes das palavras <u>aquele(s)</u>, <u>aquilo</u>:

    Dirigiu-se àquele teatro.
    (Dirigiu-se **a** + **a**quele teatro.)

    Fez menção àquilo em voz baixa.
    (Fez menção **a** + **a**quilo em voz baixa.)

- Quando está subentendida a palavra moda, ou maneira, ou estilo:

    Escreve à Chico Buarque.
    (Sem acento, estaria escrevendo para ele, não ao estilo dele).

USO OBRIGATÓRIO DO ACENTO INDICATIVO DE CRASE

- **Na especificação das horas:**
às 9 horas; às 14h30; à uma hora; à zero hora.

- **Com expressões ou locuções formadas por palavras femininas:**
à chave, às claras, à deriva, à distância de, às escondidas, à esquerda, à mão, à máquina, à medida que, à noite, às pressas, à proporção que, às vezes, à vista, etc.

Tome cuidado com a palavra **distância**. Se a expressão for **à distância de**, haverá o acento indicativo de crase; se for simplesmente **a distância**, o acento não aparece: educação a distância.

USO PROIBIDO DO ACENTO INDICATIVO DE CRASE

Nada de usar acento para indicar a crase diante de expressões formadas por palavras masculinas (a respeito de, de um a outro); por verbos (a partir de) ou por palavras repetidas (gota a gota).
Nem quando a expressão é formada por **de... a...** (de segunda a sexta).

USO OPTATIVO DO ACENTO INDICATIVO DE CRASE

O uso do acento indicativo de crase é **opcional**:

a) Com nomes próprios:
Falei a Maria Luísa. / Falei à Maria Luísa.

b) Com pronomes possessivos:
Falei a sua mãe./Falei à sua mãe.

c) Com a palavra até:
Vou até a oficina. / Vou até à oficina.

Isso porque você pode usar ou não o artigo diante de nomes próprios e diante de pronomes possessivos:

Maria Luiza chegou. / A Maria Luiza chegou.
Sua mãe chegou. / A sua mãe chegou.

Bem como utilizar o ou ao antes de até:
Vou até o posto./Vou até a farmácia.
Vou até ao posto./ Vou até à farmácia.

TOP 3 – COLOCAÇÃO DOS PRONOMES NA ORAÇÃO

Este é outro aspecto com que você deve se preocupar quando escreve textos que serão avaliados pelo público receptor, seja na *web*, seja em outros contextos.

Na linguagem oral, podem até ser aceitas frases como:

Levei muito tempo refazendo o relatório. **Digitei ele** *quatro vezes.*

Thais mora em Zurique, na Suíça. **Visitei ela** *em 2018.*

Na linguagem escrita, porém, os pronomes deverão sempre vir desta forma:

Levei muito tempo refazendo o relatório. **Digitei-o** *quatro vezes.*

Thais mora em Zurique, na Suíça. **Visitei-a** *em 2018.*

Esses **pronomes** que substituem um nome (um substantivo) são classificados como **átonos**.

PRONOMES ÁTONOS
me, te, se, o, a, os, as, lhe, lhes, nos, vos

Em Portugal, a pronúncia dos pronomes átonos é tão imperceptível que eles ficam sempre apoiados nos verbos para ser bem ouvidos. Por isso lá se diz: "Passe-**me** uma mensagem", "**Conhecemo-nos** em Cascais"...

Pelo mesmo motivo, os portugueses não começam frase com eles.

Apesar da diferença de pronúncia, algumas de nossas gramáticas brasileiras recomendam que, na escrita, os pronomes sejam usados exatamente à moda portuguesa: depois do verbo ("escreva-**me**"), no meio dele ("dir-**lhe**-ei"; "falar-**me**-ás") e, em casos mais precisos, antes dele ("quero que **me** ouças"; "não **me** deixes").

Contudo, há hoje uma forte tendência para usá-los também na escrita mais à brasileira: **antes do verbo**, já que, entre nós, sua pronúncia é mais forte, bem audível. Mas com uma condição: **eles nunca podem estar no início da frase.**

USO DO PRONOME ÁTONO ANTES DO VERBO

- **Com pronomes indefinidos** (muito, pouco, alguém, algo):

    Muito **me** encantam suas palavras.

    Pouco **lhe** contei do ocorrido.

    Alguém **nos** ligou de manhã.

- **Com pronomes demonstrativos** (isso, aquilo, aquele):

    Isso **lhes** causou muitos aborrecimentos.

USO DO PRONOME ÁTONO ANTES DO VERBO

- **Com palavras de sentido negativo** (não, nunca, nada, ninguém):

  Nada **lhe** falei, não **me** daria atenção.

- **Com advérbios** (aqui, agora) ou equivalentes **(certamente, com certeza):**

  Aqui **se** vive bem.
  Certamente **se** encontrarão na praia.

- **Com conjunções e pronomes relativos** (que, porque, embora, quando, quem, onde, etc.):

  Embora **o** admire, não lê seus livros.
  Quando Cecília os viu, ficou emocionada.

- **Com pronomes interrogativos:**

  Onde se encontra um bom café?

Com preposição <u>em</u> seguida de verbo no gerúndio:

Em **se** tratando de informática, tenho muito a aprender.

USO DO PRONOME ÁTONO ANTES DO VERBO NAS ORAÇÕES

- **Interrogativas:**

  Quem **me** garante que é o melhor curso?

- **Que expressam desejo:**

  Deus **a** proteja!

USO DO PRONOME ÁTONO DEPOIS DO VERBO

- **Em orações com imperativo afirmativo:**

Helenice, ouça-**me**.
Ligue-**nos** assim que chegar.
Prepare-**se** para a entrevista.

- **Quando o gerúndio aparece sozinho** (sem o <u>em</u>), seja logo no início da frase, seja depois de uma pausa (vírgula, ponto e vírgula, etc.):

Procurando-**nos**, deixou claro que ainda confia em nós.
Saiu, deixando-**nos** mudos.

USO PROIBIDO DO PRONOME ÁTONO NO INÍCIO DA FRASE

Nunca escreva:

Os vi logo cedo. / **Nos** despedimos e partimos.

Se for o caso, coloque um sujeito antes do pronome:

Eu **os** vi logo cedo. / Nós **nos** despedimos e partimos.

EM SÍNTESE:

Pronomes átonos: **me, te, se, lhe, lhes, o, os, as, nos, vos**

- **Use o pronome átono sempre antes do verbo.**

- Mas: **use o pronome átono depois do imperativo ou do gerúndio**, se não houver nada que puxe o pronome para antes do verbo.

- **Não inicie frase com pronome átono.**

TOP 4 – PONTUAÇÃO

Muitas vezes a clareza de uma frase, de um parágrafo e mesmo do texto todo fica prejudicada pela falta de pontuação:

> Queremos agendar um novo treinamento agora para abordar temas importantes de nossa programação de cursos a distância pois tivemos mudança de metodologia e de tecnologia esse treinamento será mais rápido para não tomar muito tempo dos tutores em torno de 40 minutos por turma.

Temos de nos esforçar muito para entender o que o emissor quis transmitir nesse e-mail. Com a pontuação adequada, o texto fica claro e é entendido de imediato:

> Queremos agendar um novo treinamento. Dessa vez, para abordar temas importantes de nossa programação de cursos a distância, pois tivemos mudança de plataforma e de metodologia. Esse treinamento será mais rápido, para não tomar muito tempo dos tutores – em torno de três horas por turma.

Os sinais de pontuação podem ocorrer no **início**, no **final** e no **interior** da frase.

USE NO INÍCIO DA FRASE:

- **Travessão**, para indicar a fala em um diálogo:

    – Quem mora na casa ao lado?

- **Aspas,** para indicar um destaque:

    "Ordem e Progresso" são os dizeres da nossa bandeira.

USE NO MEIO DA FRASE:

Vírgula:

- para separar orações:

    Domina a tecnologia, mas não sabe escrever.

- para separar os termos de mesma natureza:

    Débora fez vários cursos para escrever bem: redação científica, redação publicitária, redação de conteúdo.

- para separar o aposto (o termo que apresenta uma explicação):

    O MOODLE, Modular Object-Oriented Dynamic Learning Environment, é um *software* muito utilizado em educação a distância.

- para separar o vocativo (termo que representa o receptor, o destinatário):

    Prezados clientes,
    Olá, Glória,

USE NO MEIO DA FRASE:

- **Ponto e vírgula,** para separar orações longas dentro de uma mesma frase:

    As crianças que moram em apartamento reclamam da falta de lazer nas férias; os pais, por sua vez, reclamam por não poder tirar férias no mesmo período das crianças, duas vezes por ano.

- **Dois-pontos**, para introduzir uma explicação ou uma ideia:

    Para o nosso curso se inscreveram 15 alunos: 10 mulheres e 5 homens.

- **Parênteses,** para dar uma explicação ou apresentar um comentário:

    Haverá um novo treinamento no dia 8 de março (data em que se celebra o Dia Internacional da Mulher).

USE NO MEIO DA FRASE:

- **Travessões,** para dar uma explicação, para apresentar um comentário:

    Haverá uma nova palestra no dia 8 de março – data em que se celebra o Dia Internacional da Mulher –, quando este tema será tratado por médicos e enfermeiros.

- **Reticências,** para indicar interrupção do pensamento ou suspense:

    Daqui a pouco chegam a Telma, a Ivete e a... Lena.

- **Aspas**

✓ para colocar algum termo em destaque:

   No cartaz, lia-se: "respeito aos animais", mas os cães circulavam por ali sem possibilidade de beber nada de água.

✓ para indicar ironia:

   Cely teve um "aumento" de 2,5% no salário.

USE NO FINAL DA FRASE:

- **Ponto-final**

✓ para encerrar uma ideia na forma declarativa:

O respeito às mulheres começa com a educação infantil.

- **Reticências**

✓ para indicar que uma ideia não foi concluída:

Pelo que entendi, story é uma ....

Use o ponto também nas abreviações:
pág.   núm.   ap.

Mas não o use nas medidas:
Km   mL

USE NO FINAL DA FRASE:

- **Ponto de interrogação,** para sinalizar uma pergunta:

  Qual é a última palavra em plataforma para cursos a distância?

- **Ponto de exclamação,** para sinalizar uma admiração:

  Muito moderna esta plataforma para cursos a distância!

- **Pontos de interrogação e de exclamação,** para indicar surpresa:

  Esta é a mais moderna plataforma para cursos a distância?!

TOP 5 – NA PONTA DA LÍNGUA

HÁ / A

> Há – para tempo decorrido: **há** duas semanas.
> A – para o que vai ocorrer: daqui **a** duas semanas.

ONDE / AONDE (SEMPRE PARA LUGAR FÍSICO)

> **Onde** – com verbos que <u>não</u> indicam movimento:
>   **Onde** você mora?
> **Aonde** – com verbos que indicam movimento:
>   **Aonde** você vai?

MAU / MAL

> **Mau** é antônimo de bom:
>   Que **mau** exemplo!
> **Mal** é antônimo de bem:
>   Acredita que foi <u>**mal**</u> nas provas.

TÃO POUCO / TAMPOUCO

Tão pouco = pouquíssimo:
Tem **tão pouco** tempo!

Tampouco = muito menos:
Não sei inglês, **tampouco** francês!

SOB / SOBRE

Sob
- Embaixo:
    O cesto de lixo está **sob** a mesa.
- Ao encargo de:
    Está **sob** a responsabilidade do redator.

Sobre
- Em cima:
    Os livros estão **sobre** a mesa.
- A respeito de:
    Esse redator escreve **sobre** vários temas.

SE NÃO / SENÃO

Se não = caso não:
Se chover, volte! = Caso chova, volte!

Senão = do contrário:
Explique devagar, **senão** me confundo.

POR QUE / POR QUÊ / PORQUE / POR QUÊ

> **Por que** – no início de pergunta:
> **Por que** este falatório?
>
> **Por quê** – no final de pergunta:
> Viajou **por quê?**
>
> **Porque** – para uma explicação:
> Vibra **porque** seu time ganhou.
>
> **Porquê** – no lugar de motivo:
> Explique **o porquê** dessa mágoa.

SEMPRE NO PLURAL

> **As férias:**
> Terminaram **as férias**.
>
> **Os óculos:**
> Deixou **os óculos** no restaurante.
>
> **Os Estados Unidos:**
> **Os Estados Unidos** ainda são uma potência.
>
> **Os parabéns:**
> Dê **os parabéns** ao escritor.

OBRIGADO = GRATO / OBRIGADA = GRATA

> **Obrigado** (grato) – diz o emissor.
> **Obrigada** (grata) – diz a receptora.

MEIO = UM POUCO / MEIO = METADE

A professora está **meio** (um pouco) cansada.
Meio-dia e **meia**. (metade do dia e metade da hora)

SEMPRE COM HÍFEN

Boas-vindas! Bem-vindo!
Público-alvo
Super-herói/anti-higiênico – mal-humorado (antes de h)
Inter-relacionado (r/r)
Sub-região/sub-reitor

NUNCA SOFREM VARIAÇÃO

Menos:
   Menos pessoas têm se preocupado com isso.
Haja vista:
   Haja vista os novos diretores com seus salários...
A sós:
   Quero ficar **a sós** com meu pensamento.

ESTE / ESSE / AQUELE

- **Em relação ao objeto/a uma pessoa:**
  Este(a) – perto de quem fala:
  Este meu livro vai fazer sucesso.

  Esse(a) – perto de quem ouve:
  Empreste **esse** seu livro para João.

  Aquele(a) – longe do emissor e do receptor:
  Aquele livro está caro.

- **Em relação a uma data:**
  Este(a)/Neste(a) – presente e futuro:
  Este mês comprarei um livro novo. / **Nesta** semana, estou lendo o livro "Você na era [+] digital".

  Esse(a)/Nesse(a) – passado:
  Nesse ano que passou, no Natal, presentei meus amigos com livros.

  Aquele(a) – passado distante:
  Aquele ano foi muito produtivo para mim. Pena que o ano passado tenha sido bem diferente.

A TÍTULO DE CONCLUSÃO

Chegamos ao final do nosso livro. Esperamos ter atingido nosso objetivo: levar você, nesta era digital, a escrever com ⁺eficácia, ⁺interatividade e, claro, sempre mantendo a ética.

Tudo o que dissemos até aqui foi no intuito de que você aproveite a *web* para ser um emissor ético e responsável.

Também, no caso de sua redação de conteúdo, que ela seja apropriada, adequada aos fins a que se destina.

Como nenhum texto nunca está totalmente concluído, temos consciência de que este livro também não abrange tudo o que é necessário para uma redação excelente, caso você não tenha o hábito de escrever sempre, avaliando e melhorando o que escreve.

Há sempre muito para aprender – até mesmo porque, entre este momento em que encerramos a escrita deste livro e o momento em que você o estará lendo, muita novidade já terá surgido na *web*.

Mas você tem aqui muitas ferramentas para redigir bem e aprimorar-se cada vez mais. Volte às páginas dele sempre que julgar necessário.

Também preparamos um glossário para que você possa aumentar seu repertório nesta era cada vez mais digital.

A gente se encontra na *web*!

GRANDE ABRAÇO!

EDNA E VALÉRIA

ABREU, A. S. *A arte de argumentar.* Gerenciando

GLOSSÁRIO

ADWORDS – anúncios pagos em mídias digitais (como Google Ads) vinculados à busca por palavra-chave ou grupo de palavras. Um Link Patrocinado que aparece com a palavra anúncio em destaque, antes do resultado da busca orgânica dos sites com conteúdo solicitado pelo usuário do buscador.

ALGORITMO – em Ciência da Computação, uma sequência padronizada de códigos que determinam, passo a passo, como a programação deve acontecer. Pode ser de código aberto, quando a linguagem é revelada pelo seu programador criador – assim outros programadores podem até testar ou aprimorar o mesmo código – ou fechado, quando a empresa criadora do código faz questão de manter o sigilo de como a programação acontecerá, em geral pela finalidade comercial.

ANALYTICS WEB – ferramenta de análise de dados qualitativos e quantitativos de métricas de navegação do usuário, como: tempo de visualização de página, origem de tráfego, etc. Proporciona relatórios resumidos em *dashboards* (painéis rápidos de monitoramento) para agilizar a tomada de decisão estratégica.

ÂNCORA – no texto digital, a palavra-chave (palavra única, expressão ou frase) que direciona o receptor a outra página do site ou a outro site com a correspondência exata, reforçando a conexão do conteúdo com

o tema abordado. Mais recomendada do que usar um *link* (de endereço visível), porque apresenta de forma natural o texto indicado.
Exemplo de *link*: www.inup.digital
Exemplo de âncora: inup digital.

AUDIÊNCIA DIGITAL – quantidade, em porcentagem ou pontos, de pessoas impactadas, frequentemente, pelo conteúdo digital (posts, páginas de *sites*, matérias de *blogs*, etc.) publicado em determinado veículo da *web*.

AUDIOVISUAL – em comunicação, o filme, o VT, a animação, a peça que reúne elementos visuais e sonoros em um mesmo formato para transmitir a mensagem.

AUTORIDADE DIGITAL – pessoa que desenvolveu competência ao longo dos anos sobre algum tema ou área específica, com *status* de autoridade reconhecida como tal nas mídias digitais.

BANNER DISPLAY – anúncio para a rede de *display* da mídia digital. Peça publicitária divulgada em portais de notícias, *blogs* e *sites* que possuem espaço de divulgação. Pode ser do tipo expansível (com ou sem *rich media* – *vídeo publicitário*): *super banner*, *full banner*, etc.

BLOG – página da internet em que uma pessoa (blogueiro) publica regularmente conteúdos diversos: textos, imagens, músicas ou vídeos. O *blog* pode ser dedicado a um assunto específico ou trazer generalidades.

BRANDED CONTENT – estratégia de marca que tem o posicionamento de utilidade para o cliente. Assim, a marca passa a seguir o modelo IESC (Informação,

Entretenimento, Serviço e Comunicação), tudo para ganhar relevância na percepção do usuário. Envolve também o marketing de conteúdo (com estratégias de conteúdos interessantes, relevantes, na percepção do usuário) e comunicação integrada "não interruptiva" (o contrário daquela que atrapalha a leitura do usuário, por exemplo).

BRANDED PUBLISHING – um avanço do *branded content,* com estratégias que tornam a marca a publicadora de conteúdos originais e/ou patrocinadora de portais e conteudistas/artistas que desenvolvam conteúdos inovadores e extremamente relevantes para o usuário. Assim se conquista uma reputação digital em áreas interessantes de identificação com seu público-alvo.

BRAINSTORM – em tradução literal, "tempestade cerebral". Técnica de reunião criativa em que as pessoas vão lançando ideias sobre um determinado tema até chegarem a um senso comum.

BRIEFING – em comunicação, a entrevista com o cliente/autoridade sobre a demanda de criação/produção que permite condensar em um relatório/formulário os pontos relevantes a serem compartilhados entre todos da equipe envolvida no desenvolvimento do conteúdo. É o ponto de partida do trabalho, um resumo das informações coletadas e necessárias à produção do conteúdo.

BUSCA ORGÂNICA – resultado do buscador sem o pagamento para a conquista da posição. O ranqueamento dos sites aparece conforme avaliação de qualidade do conteúdo e conexão com o perfil do usuário.

BUSCA PAGA – ou Link Patrocinado – anúncio pago por leilão que decide o posicionamento do site. Em geral, aparece no topo da página do buscador identificado com a palavra anúncio.

BUSCADOR WEB – a plataforma que busca conteúdo a partir de uma palavra-chave digitada pelo usuário e apresenta o resultado com lista de *links* para os sites que tratam bem o tema pesquisado. Exemplos: Google, Yahoo!, etc.

BOUNCE RATE – taxa utilizada para mensurar a diferença de tempo de visitação entre aqueles que abandonaram rapidamente a navegação de uma página e os que permaneceram por mais tempo ou seguiram para outras páginas do mesmo *site*.

CALL-TO-ACTION **– CTA –** em tradução literal, "chamada para a ação". Em geral, trata-se de um botão/link que visa provocar a reação/o *feedback* imediato do receptor, direcionando-o a um *e-mail*, telefone ou outro contato direto com a marca. Pode ser também uma frase imperativa, como: "Participe!", "Clique aqui!" ou "Eu quero!".

CANAL DE COMUNICAÇÃO – meio ou plataforma de comunicação – impresso, digital, *on-line, off-line*, etc. Exemplos: jornais, revistas, mídias sociais, entre outros.

CANVAS – ferramenta visual muito utilizada para o planejamento ágil e criativo de projetos. Visa apresentar os pontos mais importantes a serem analisados/desenvolvidos/implantados de um plano em um mapa funcional. É adaptável às necessidades de diferentes tipos de planos. Sua visualização sucinta (em um A4 ou em um painel) estimula a cocriação da equipe e a reformulação das ideias apresentadas.

CLUSTER – em marketing, um subsegmento do público-alvo da marca, que acontece na mineração – automatizada ou não – de dados para o agrupamento (clusterização) em pequenos subgrupos de características psicográficas e comportamentais mais aproximadas ou que compartilham o mesmo momento da jornada de consumo.

CÓDIGO – o meio utilizado pelo emissor e pelo receptor para transmitir uma mensagem. Tanto a linguagem verbal quanto a não verbal se utilizam de um código em que os significados são comuns aos participantes da comunicação. Entre eles estão as palavras orais ou escritas, os símbolos, os gestos, as figuras, etc.

COERÊNCIA – mecanismo pelo qual as ideias fazem sentido entre si.

COESÃO – mecanismo pelo qual as ideias se ligam no texto por determinados elementos gramaticais.

COLD MAIL – *e-mail* marketing enviado a um *suspect* (cliente em potencial – o *target*) na tentativa de estimular a sua captação. O cliente passa a ser considerado *prospect* quando entra efetivamente em contato com a marca, por exemplo, respondendo a um dos *e-mails* enviados. O *cold e-mail* não deve ser enviado em massa e não deve virar um *Spam*. Precisa haver um motivo válido para seu envio, algo que solucione um problema do cliente em potencial ou que apresente uma oferta exclusiva.

CONCEPT APPROACH – elementos com enfoque criativo da essência da marca/objetivo comunicacional, incluindo *design* e texto. Por exemplo: as *hashtags*, as cores de fundo de um *post*, etc.

CONOTAÇÃO – associação subjetiva, cultural e/ ou emocional que emissor e receptor estabelecem para uma dada palavra, uma dada frase ou mesmo um dado conceito, extrapolando seu sentido literal ou próprio. Característica da linguagem figurada, a conotação pode ser exemplificada pelos provérbios – *Mais vale um pássaro na mão do que dois voando; Não adianta chorar sobre o leite derramado* – ou pelos ditos populares: *Tomar chá de cadeira; Viver nas nuvens.* Está presente nos textos literários. A conotação contrapõe-se à denotação.

CONTEXTO – no processo da comunicação, a relação que se estabelece entre o texto e a situação a que ele se refere. Abrange não apenas o emissor e o receptor, mas também o lugar, o tempo e outras circunstâncias. O contexto é de grande importância para a compreensão do texto.

CONVERSÃO – em marketing digital, refere-se à reação do cliente ao esforço de comunicação que acontece conforme o objetivo da marca. O simples preenchimento de um formulário com *e-mail* do cliente, o acionamento do botão *Call-to-action*, ou a compra efetiva, entre outras ações, são exemplos de conversão.

CUSTO POR CLIQUE – CPC – a forma de pagamento pelo anúncio ao *publisher* que disponibilizou o espaço publicitário (inventário). A cada clique no anúncio será cobrado o valor estipulado, até o uso total da verba acordada entre anunciante e veículo.

CUSTO POR MIL – CPM – outra forma de pagamento, que considera o custo pelo pacote de mil pessoas. O total do custo do anúncio terá como base a audiência do veículo, sendo que o valor do pacote será cobrado a cada mil visitantes da página. Portanto, quanto mais alta a audiência, mais será investido na divulgação.

DENOTAÇÃO – contrariamente à conotação, a denotação diz respeito ao significado exato, preciso, habitual, literal de palavras e frases: *Chá de camomila; As inundações causadas pelas chuvas deixaram 157 famílias desabrigadas na cidade; Nosso alfabeto tem, atualmente, 26 letras.* Está presente nos textos informativos, não literários.

DESIGN RESPONSIVO – conteúdo e tecnologia digitais diferenciadas com artes/*layouts* de páginas adaptadas às versões *desktop* (para tela de computadores) e mobile (para telas de celulares e outros aparelhos móveis).

DESKTOP – termo referente à tela de um computador não móvel, com os PCs (computadores pessoais).

DISPLAY RICH MEDIA – anúncio publicitário *on-line* com tecnologia de html5 (linguagem de programação), para incorporar recurso de vídeo/áudio/animação que estimula a interação do usuário.

DOBRA DA PÁGINA – o conteúdo visualizado da página no dispositivo *on-line*, sendo a primeira dobra o que o usuário visualizará sem qualquer rolagem do *mouse*/tela e a segunda dobra o que visualizará após a rolagem.

EMISSOR – no processo de comunicação, aquele que transmite uma mensagem, um texto, um anúncio. Na linguagem escrita, é o autor. Na linguagem oral, é o falante, que se opõe a ouvinte.

ENGAJAMENTO – em marketing digital, o indicador que mede o envolvimento do cliente com a marca, com a presunção de identidade/vínculo afetivo e em relação aos conteúdos produzidos e divulgados.

***E-MAIL* MARKETING** – *e-mail* que tem por objetivo divulgar marcas e produtos. Utilizado pelas empresas, deve seguir determinados procedimentos, respeitar a ética e a privacidade do receptor.

FEEDBACK – retorno do público ao receber a mensagem. Pode ser uma reação de curtir, comentar ou compartilhar; a resposta a um questionamento, uma dúvida ou sugestão, etc.

FRAMEWORK MATRIX – matriz de análise qualitativa de dados com o cruzamento das informações em linhas e/ou colunas, que visa comparar possibilidades e/ou cenários de maneira sucinta e ágil.

FRASE – unidade de comunicação suficiente por si mesma para estabelecer sentido entre emissor e receptor. *Pare!; Segunda-feira: dia de reunião de vendedores; Os leitores deste livro encontram muitas informações para sua redação no dia a dia.*

FRIENDLY URL – na tradução literal, a URL amigável. O endereço *on-line* que favorece a posição do *site* no *ranking* orgânico dos buscadores, utilizando palavras-chave do universo temático da marca. Por exemplo: www.inup.digital/marketing-digital-um-up-da marca. Em geral, o termo posicionado mais à esquerda será o mais relevante no entendimento e na classificação do buscador.

FUNÇÃO AIDA – (**A**tenção, **I**nteresse, **D**esejo e **A**ção) – função sequencial necessária em qualquer conteúdo interativo que tem a intencionalidade de atrair o interesse do público-alvo para provocar efetivamente a sua reação.

FUNÇÕES DA LINGUAGEM – intimamente ligadas à intencionalidade do emissor da mensagem. As funções da linguagem foram propostas pelo linguista Roman Yakobson e compreendem seis tipos: função conativa; função emotiva; função fática; função metalinguística; função referencial e função poética.

FUNÇÃO CONATIVA - conhecida também como apelativa, é utilizada pelo emissor para persuadir o receptor a respeito de um determinado assunto. Muito utilizada nos anúncios, nas propagandas.

FUNÇÃO EMOTIVA – centrada no emissor, tem por objetivo transmitir suas emoções, seus sentimentos.

FUNÇÃO FÁTICA – centrada no canal da comunicação, esta função tem por objetivo manter a relação entre o emissor e o receptor.

FUNÇÃO METALINGUÍSTICA - o código explica o próprio código. Ou seja, utiliza-se esta função para explicar como a linguagem funciona.

FUNÇÃO REFERENCIAL – A linguagem denotativa ou informativa é utilizada para trazer informações da realidade de uma forma direta e objetiva, sem nenhuma preocupação literária.

FUNÇÃO POÉTICA - A linguagem conotativa é utilizada para trazer a realidade ao leitor de forma mais literária. O autor recorre, muitas vezes, ao uso de figuras de linguagem.

GERAÇÃO *ALPHA* – os nascidos a partir de 2010.

GERAÇÃO BB – *BABY BOOMERS* – os nascidos nas décadas de 1940, 1950 ou 1960.

GERAÇÃO DOS *MILLENNIALS* – A geração que nasceu próxima à virada do milênio, que acompanha as grandes mudanças tecnológicas, portanto a geração Y e parte da Z. No entanto, alguns sociólogos separam a geração Z como a dos *centennials* (que entram no novo século conectados à internet e antenados em mídias sociais).

GERAÇÃO DOS VETERANOS – os nascidos nas décadas de 1920, 1930 e 1940.

GERAÇÃO X – os nascidos nas décadas de 1960, 1970 e 1980.

GERAÇÃO Y – os nascidos entre as décadas de 1980 e 1990.

GERAÇÃO Z – os nascidos entre as décadas de 1990 e 2000.

HASHTAG – a palavra-chave descrita com o uso do símbolo # que serve para encontrar postagens em perfis variados nas mídias sociais, mas principalmente para destacar uma expressão/termo ou frase relevante ao repertório do público em um *post*.

HEADING TAGS – títulos ou subtítulos do conteúdo do site, que diferenciam por hierarquia de relevância as palavras-chaves e expressões que mais refletem o propósito do site. São classificados em h1, h2, h3, h4, h5 e h6, sendo o h1 o mais importante e o h6, pouco relevante.

IMPRESSÃO DE ANÚNCIO – a métrica referente à quantidade de exposição do anúncio, também conhecida como *view*. Na contagem, considera as possíveis visualizações, independentemente de haver ou não a repetição de quem visualizou (a audiência).

INFORMATIVIDADE – neste livro, característica que diz respeito às informações apresentadas pelo texto. Quanto mais novos conhecimentos traz ao leitor, maior o grau de informatividade de um texto.

INTENCIONALIDADE – neste livro, refere-se à intenção, ao objetivo – implícito ou explícito – do emissor do texto.

INTERATIVIDADE – diz respeito à colaboração e à participação do receptor da mensagem.

INTERTEXTUALIDADE – neste livro, processo pelo qual um texto dialoga com outro, quer implícita quer explicitamente.

INVENTÁRIO DE MÍDIA – espaço publicitário disponível em mídias digitais para anúncios publicitários comercializados pelos *publishers*.

JORNADA DO CONSUMIDOR – etapas do processo de consumo na perspectiva do usuário digital e /ou off-line, inclusive para consumo de conteúdo/informação.

KEY PERFORMANCE INDICATOR – **KPI** – indicador-chave para verificar o resultado alcançado em comparação ao objetivo desejado. Em geral, a fórmula que analisa o desempenho de duas ou mais métricas quantitativas para calcular a efetividade das ações. Também pode ser um indicador qualitativo, analisando, por exemplo, o engajamento positivo, negativo ou neutro do receptor da mensagem.

KEYWORD – na tradução literal, a palavra-chave, a expressão ou frase do repertório linguístico do público-alvo. O elemento mais utilizado na busca de conteúdo relevante, que indica ao receptor a aderência ao tema/assunto procurado.

LANDING PAGE – a porta de entrada do usuário no *site*, que pode ser uma *homepage* (página inicial do *site* com menu/mapa do *site*) ou a página do produto, entre outras. Apresenta elementos que incentivem a conversão do cliente e que favoreçam a navegação contínua por outras páginas do site. É uma oportunidade de busca direta e mais direcionada à necessidade do usuário.

LEAD **JORNALÍSTICO** – no texto informativo, trata-se do conteúdo inicial que oferece informações essenciais sobre o fato noticiado. O restante da notícia apresenta o corpo, que detalhará ou analisará o fato inicialmente descrito.

LEAD – em marketing digital, trata-se do cliente que demonstrou interesse na marca ou que está facilmente ao alcance da empresa. Pode ser considerado um *lead* qualificado quando é o cliente ideal para a prospecção de determinada oferta. Afinal, a empresa tem dados sobre ele que apontam para a alta probabilidade de interesse no negócio.

LINGUAGEM VERBAL – linguagem que faz uso da palavra. Pode ser oral ou escrita.

LINGUAGEM NÃO VERBAL – linguagem em que a palavra não está presente. Abrange os gestos, as pinturas, os sinais de trânsito, entre outros.

LINK PATROCINADO – anúncio com um *link* para a página do anunciante que paga a divulgação na plataforma do buscador *web*. Exemplo: Google AdWords. Esse anúncio aparece em destaque quando o usuário busca determinada palavra-chave ou tem o perfil contratado pela marca (anúncio segmentado).

MARKETING DE CONTEÚDO – o conjunto de estratégias de marketing que promovem uma marca a partir da produção de conteúdos relevantes para o *target*. Visa, inclusive, a posição no *ranking* dos buscadores, oferecendo um conteúdo bem avaliado, estruturado em palavras-chave do repertório do *target* e bem validados por outros sites/portais que o referenciam através de *links*.

MARKETING DIGITAL – em síntese, o estudo complexo e constante da integração dos ambientes *on* e *off-line* na relação dos diversos públicos de um segmento de mercado, com o objetivo de elaborar e implantar estratégias competitivas que aumentem o valor agregado de uma marca e promovam seus propósitos/suas soluções. Tudo para atender demandas/expectativas dos *clusters* nas diferentes etapas da jornada de consumo, valorizando cada ponto de contato com o cliente.

MEIO DE COMUNICAÇÃO – o canal que suporta veículos de comunicação, o como a mensagem será veiculada. Por exemplo: o rádio, a televisão, o jornal, a revista e o portal de notícias.

MENSAGEM – conteúdo de uma comunicação que um emissor envia a um receptor por meio eletrônico ou não.

META DESCRIPTION: descrição do conteúdo da página que aparece no resultado dos buscadores, tanto na busca orgânica (não paga) quanto no Link Patrocinado (anúncio pago). Fundamental para a tomada de decisão do usuário, que escolherá o conteúdo mais relevante à sua necessidade no momento de busca.

MÉTRICA – em marketing digital, o fator ou a informação que permite mensurar a receptividade do conteúdo pelo seu receptor, bem como acompanhar seu desempenho ao longo do tempo e das diferentes ações. Pode ser qualitativo, por exemplo, quando analisa a reação de curtida, comentário ou compartilhamento de um *post*. E quantitativo quando analisa o tempo de permanência em uma página.

MÍDIA DIGITAL – o canal digital e/ou plataforma digital que veicula conteúdos digitais. Por exemplo: o portal de notícias, a plataforma de mídia social, o *site*, o *blog* e o *e-mail*.

MÍDIA KIT – ou *media kit* (em inglês) – um kit de divulgação do veículo com os detalhes do perfil da sua audiência, os formatos disponíveis de espaços publicitários *on* e *off-line*. Alguns apresentam a tabela de preço sem desconto (não negociada).

MÍDIA SOCIAL – ou *social media* (em inglês) – o canal de comunicação que divulga conteúdo de comunidade social, também popularmente conhecida como rede social. No entanto, rede social refere-se não à plataforma digital, mas à rede de relacionamento, às conexões sociais, que acontecem *on* e *off-line*.

MOBILE – termo referente aos dispositivos móveis, como os *smartphones*.

MODELO IESC – MODELO DE **I**NFORMAÇÃO + **E**NTRETENIMENTO + **S**ERVIÇO + **C**OMUNICAÇÃO – em *branded content*, as estratégias diversificadas de conteúdo, que ora noticiam informação relevante, ora oferecem conteúdo sociocultural/entretenimento, ora prestam um serviço social ou oferecem um benefício inesperado, ora procuram ampliar as interações com o público-alvo.

NETNOGRAFIA – neste livro, o conceito apresentado refere-se ao neologismo de um grupo de pesquisadores norte-americanos (Bishop, Ignacio, Neumann, Star, Sandusky & Schatz) que, na década de 1990, associaram o ciberespaço a um novo campo de pesquisa de aplicação da metodologia imersiva e antropológica da etnografia.

NERD – neste livro, refere-se a indivíduo antenado e conectado, que se torna um estudioso dos mais diversos avanços tecnológicos.

OMNICHANNEL – múltiplos canais de comunicação integrada, transmidáticos, que incentivam o diálogo contínuo do cliente com a marca e favorecem o atendimento em contextos, lugares e momentos diversos conforme a conveniência.

ORAÇÃO – unidade constituída de sujeito e predicado. Pode ser sinônimo de frase, quando tem sentido completo – *Os novos livros chegaram* –, ou ser parte de uma frase – *Os alunos queriam saber (oração 1) se o blog estava disponível* (oração 2).

ORIGEM DE TRÁFEGO – o apontamento de um *analytics web* sobre a origem da navegação do visitante no seu site. Ele pode ter vindo de um perfil em mídias sociais, do clique em um *Link Patrocinado* ou da busca orgânica, por exemplo.

OWNED MEDIA – os meios de comunicação que divulgam conteúdos controlados exclusivamente pela marca proprietária do canal. Enfim, a mídia digital proprietária de uma pessoa física ou jurídica.

PAID MEDIA – a mídia digital paga. Os meios de comunicação que divulgam conteúdos pagos pelos anunciantes e parceiros, inclusive o canal que tem inventário de mídia.

PAGEVIEWS – em tradução literal, páginas visualizadas – a métrica que considera o total de vezes que a página foi visualizada pelos usuários.

PARÁGRAFO – unidade de composição que apresenta uma ideia central em torno da qual se desenvolvem ideias secundárias.

PERSONA – no ambiente digital, uma entidade fictícia construída para representar as características de um potencial cliente.

PLATAFORMA DIGITAL – o canal de comunicação que integra tecnologias diversas, com ferramentas e serviços integrados, para o usuário digital.

PODCAST – um formato de conteúdo em áudio veiculado *on-line*, geralmente, via *streaming* (tecnologia multimídia que transmite dados com agilidade, que não requer o armazenamento do arquivo no computador do usuário). Por isso, só será escutado *on-demand* (sob demanda) do usuário.

POSICIONAMENTO DE MARCA – o conceito associado à marca e a relevância considerados pelo público-alvo. As divulgações e as próprias experiências de uso da marca contribuem para essa associação positiva ou negativa em relação à marca na mente do consumidor. A estratégia de reposicionamento da marca, em geral, tem a finalidade de melhorar essa percepção do consumidor, agregando mais valor ao conceito por ele memorizado.

PREDICADO DA ORAÇÃO – aquilo que se declara sobre o sujeito da oração. É constituído de verbo e de seus complementos. Exemplo: Este livro *trata de redação.*

PRESENÇA DIGITAL – o status adquirido pelo emissor ao manter a regularidade de conteúdo relevante publicado na web para seu público-alvo.

PROSPECT – o público-alvo com as características apropriadas para o consumo de determinado produto ou serviço que já considera a marca relevante naquele momento. Inclusive, mantém contato com a empresa para orçamento e negociações, ou simplesmente a fim de entender melhor aquela oferta.

PROPÓSITO DIGITAL – o verdadeiro motivo de o emissor gerar conteúdo regular em um canal de comunicação específico que seja percebido e valorizado pelo seu receptor/seguidor/usuário.

PUBLISHER – a empresa que publica conteúdo digital nos meios de comunicação *on-line*. Uma empresa que veicula notícias e comercializa seu inventário de espaço publicitário em seu portal ou *site*.

RECEPTOR – o alvo da mensagem, que no mundo digital pode ser um usuário de plataforma, um visitante de *website*, o navegador de uma página, o espectador de um audiovisual, etc.

REPUTAÇÃO DIGITAL – a avaliação do público-alvo em relação à marca pela contribuição, positiva ou negativa, de seus conteúdos publicados ao longo do tempo.

SCROLLING – no digital, refere-se à rolagem da página que desce da primeira dobra (*top page*) em direção ao final da página e à sua última dobra (*bottom page*).

***SEARCH ENGINE OPTIMIZATION* – SEO** – conjunto de estratégias aplicadas ao conteúdo digital que visam sua qualidade e sua relevância em determinado universo temático, permitindo, assim, conquistar uma posição privilegiada no *ranking* dos buscadores.

SHARED MEDIA – ou *social media*, ou mídia espontânea (em português) – tipo de veiculação em mídia por compartilhamento ou artigo publicado de forma espontânea que divulga um conteúdo, uma marca ou um site.

***SITE* (ou *WEB*SITE)** – uma página (*landing page*) ou um conjunto de páginas, hospedadas em um servidor, agregadas a um domínio (por exemplo: .com/.com.br/.edu) para divulgar uma marca de pessoa física ou jurídica.

SITUACIONALIDADE – neste livro, característica que consiste em adequar um texto a uma situação, ao contexto, quer seja do ponto de vista da informação, quer seja do ponto de vista da linguagem (mais formal, menos formal, etc.).

***SOCIAL MEDIA OPTIMIZATION* – SMO** – assim como o SEO, o conjunto de estratégias aplicadas ao conteúdo digital que visam sua qualidade e sua relevância em determinado universo temático. Busca uma posição privilegiada nas *timelines* dos seguidores de um perfil social (como uma Fan Page da marca, por exemplo).

***SPOT* DE RÁDIO** – a peça de rádio para divulgar uma marca, que pode ter o roteiro das falas dos locutores e dos efeitos de sonoplastia, trilha musical ou um *jingle* (música composta especialmente para a marca, que pode substituir a locução).

SUJEITO DA ORAÇÃO – um dos termos essenciais da oração (o outro é o predicado). Ser sobre o qual se declara alguma coisa. <u>Os leitores</u> também são produtos de texto.

SUSPECT – o público-alvo da marca, aquele que tem as características apropriadas para o consumo do serviço ou produto oferecido. No entanto, não há certeza da demanda naquele momento, nem de que se considera a marca um fornecedor adequado às suas necessidades.

STORY – uma ferramenta disponibilizada pelas plataformas de mídias sociais que permite gravar um vídeo (ou animação de fotos) com duração de até 10 segundos, ou mais, quando há uma série de stories conectadas, para ser compartilhadas entre seguidores do perfil emissor.

STORYTELLING – estratégia de comunicação que cria conteúdos digitais em formato de narrativas. Conta com três elementos essenciais: narrador(es) – ou *storyteller*(s) –, enredo (que pode ser fragmentado em episódios) e audiência interativa.

TARGET – público-alvo de uma marca/conteúdo.

TEMPLATE – uma arte (*layout*) padronizada para a construção de peças digitais, como o fundo (*background*) das apresentações em Power-Point, *e-mail marketing*, *website*, etc. Nesse *design*, os elementos criativos de imagem e texto possuem predefinições que serão mantidas na estrutura da mensagem. O que ajuda na agilidade da produção de conteúdo, porém em muitos casos podem ser pouco flexíveis para atender necessidades de personalização da mensagem digital.

TIMELINE – linha do tempo. Em um perfil de mídia social representa o *feed* de notícias (o lugar em que as postagens de todos os perfis seguidos ou os recentemente acessados são apresentados em ordem cronológica). No topo da *timeline* da mídia social, aparecem os *posts* recentes, mais relevantes ao perfil, pelo menos no entendimento do algoritmo da plataforma de mídia social. Também apresenta os *posts* impulsionados de divulgação de marcas, conforme a segmentação do perfil (*clusters*), que são patrocinados pelos anunciantes.

TITLE TAG – título do buscador (em português) – título que aparece na descrição da página listada pelo buscador. O que aparece em cima da url e da descrição do site no Google, por exemplo. O ideal é que tenha no máximo 60 caracteres. O termo mais importante no ranqueamento para o buscador é sempre o mais à esquerda.

TRANSMÍDIA – estratégia de narrativa da mensagem contada em diferentes meios de comunicação. Assim, o enredo se desenrola em formatos e mídias complementares, o que visa aumentar o interesse e reforça a interação do público.

USUÁRIO DIGITAL – o receptor de conteúdo digital que visualiza e interage, principalmente, com as mídias ou plataformas *on-line*.

UNIQUE VIEWS – usuários únicos que visualizaram determinado conteúdo digital. Ao contrário das impressões (*views*, em inglês), descarta a repetição de usuários na contagem de possíveis visualizações de determinada página visitada. O usuário é contabilizado uma vez apenas, mesmo que entre diversas vezes na página analisada.

VEÍCULO DE COMUNICAÇÃO – empresa que divulga/publica conteúdo nos meios de comunicação (*on/off-line*).

VIEWABILITY – a métrica que contabiliza a efetiva exposição de um anúncio, considerando a probabilidade de sua visualização real pelo usuário digital, que analisa o tempo de visualização, movimentação do *mouse*, a posição na página (primeira ou segunda dobra), etc.

VLOG – assim como o *blog*, é um importante diário *web* com notícias e artigos mais densos. O *vlog* pode ser usado para a cobertura de um evento, por exemplo, quando o "vlogueiro" apresenta, sob seu ponto de vista, o espaço percorrido e comenta cada acontecimento. Enfim, é uma matéria com a crítica do apresentador, que ressalta sua percepção sobre cada fato narrado/ visualizado.

WEBDESIGNER – o profissional que desenvolve o *design* da página *web*, que não deve envolver apenas a criação da arte (*template* das páginas). Alguns profissionais também participam da arquitetura da informação (definição das páginas/conteúdos do *website*) e do desenvolvimento de estratégias de *User Experience* (elementos que facilitam e valorizam a experiência de navegação do usuário).

WEBSÉRIE – comunicação digital com conteúdo fragmentado em episódios curtos, muito praticada na estratégia de *storytelling*.

WEBWRITER – ou *copywriter,* o redator, produtor de conteúdo que define e elabora criativamente a mensagem a ser publicado na internet.

WHITEPAPER – artigo a ser publicado na *web*, que deve conter o mínimo possível de páginas. Com mais de 12 páginas, pode ser considerado um *e-book*.

REFERÊNCIAS BIBLIOGRÁFICAS

razão e emoção. São Paulo: Ateliê Editorial, 2000.

ALMEIDA, D. M. Uma ética para o corpo: cidadania e educação transformadora. In: ALMEIDA, D. M. *Corpo em ética*: perspectivas de uma educação cidadã. São Paulo: Umesp, 2001.

ANALFABETOS Digitais. Disponível em: <https://wfuturismo.com/analfabetos-digitais/>. Acesso em: 20 dez.2018.

ANJ – ASSOCIAÇÃO NACIONAL DE JORNAIS. *Excluídos digitais*: são 63 milhões. Brasília, 22 fev. 2018. Disponível em: <https://anj.org.br/site/diretoria/97-midia-nacio nal/5948-excluidos-digitais-sao-63-milhoes.html>. Acesso em: 15 out. 2018.

ANJOS, M. *Dicas sobre* hashtags: saiba como acertar na hora de usá-las. E-commerce Brasil: mídias sociais, 19 out. 2018. Disponível em: <https://www.ecommercebrasil.com.br/artigos/uso-de-hashtags/>. Acesso em: 10 dez. 2018.

ASKEHAVE, I.; SWALES, J. M. *Genre Identification and Communicative Purpose*: a problem and a possible solution. Oxford: Applied Linguistics, 2001, v. 22, n. 22.

ATAÍDES, K. *A retórica aristotélica*: persuasão da

defesa. 2011. Disponível em: <e-revista.unioeste.br/index.php/csaemrevista/article/download/7620/5628>. Acesso em: 24 jan.2018.

AZNAR, G. *Ideias*: 100 técnicas de criatividade. São Paulo: Summus, 2011. p. 38-39.

BAPTISTA, E. Movimento de câmera. Coluna Fique Ligado. Revista *Zoom Magazine*. Disponível em: <http://www.fazendovideo.com.br/artigos/movimentos-de-camera.html> Acesso em: 18 jan. 2019.

BARWINSKI, L. *A história das mídias sociais*: por que é importante conhecer? *MOT Digital*, 27 jun. 2008. Disponível em: <https://motdigital.com/a-historia-das-midias-sociais/>. Acesso em: 10 jan. 2019.

BERLO, D. K. *O processo da comunicação*: introdução à teoria e à prática. 7. ed. São Paulo: Martins Fontes, 1991.

BERLITZ, C. F. *As línguas do mundo*. Rio de Janeiro: Nova Fronteira, 1988.

BLOG BRASIL ESCOLA. Como impressionar os seus professores em uma universidade no exterior. Disponível em: <https://vestibular.brasilescola.uol.com.br/estudar-no-exterior/como-impressionar-os-seus-professores-uma-universidade-no-exterior.htm>. Acesso em: 2 jan. 2018.

_____. Disponível em: <https://brasilescola.uol.com.br/geografia/aquecimento-global.htm>. Acesso em: 20 nov. 2018.

BLOG DE HUMOR. Disponível em: <https://www.facebook.com/barbiefascista/>. Acesso em: 26 nov. 2018.

BLOG DO ENEM. *Análise do tema da redação Enem 2018*. Disponível em: <https://blogdoenem.com.br/tema-redacao-enem-2018/>. Acesso em: 20 dez. 2018.

BLOG NOTÍCIAS UOL. Disponível em: <https://noticias.uol.com.br/ciencia/ultimas-noticias/bbc/2018/12/30/entenda-o-que-e-tecnologia-quantica-novo-campo-de-batalha-entre-eua-e-china.htm?cmpid=copiaecola>. Acesso em: 31 dez. 2018.

BRANCO, R. F.; LEITE, D. E. S.; VINHA JÚNIOR, R. *Gestão colaborativa de projetos*: a combinação de *Design Thinking* e ferramentas práticas para gerenciar seus projetos. São Paulo: Saraiva, 2016.

BRITTO, L. P. L. Educação infantil e cultura escrita. Prefácio de *Linguagens infantis*: outras formas de leitura. São Paulo: Câmara Brasileira do Livro, 2005.

BUENO, F. S. *Dicionário etimológico da língua portuguesa*. São Paulo: Saraiva, 1974, v. 6.

BURGER, L. Overview *do cenário digital*: Brasil 2017. *comScore Brazil*. Disponível em: <http://www.aba.com.br/wp-content/uploads/2017-04-12/58ee86495a579.pdf>. Acesso em: 15 jan. 2019.

BRASIL – Casa Civil Brasil. *Lei n. 12.965, de 23 de abril de 2014*. Disponível em: <http://www.planalto.gov.br/ccivil_03/_ato2011-2014/2014/lei/l12965.htm>. Acesso em: 10 jan. 2019.

_____. *Lei n. 9.610, de 19 de fevereiro de 1998*. Brasília. Disponível em: <http://www.planalto.gov.br/ccivil_03/LEIS/L9610.htm>. Acesso em: 10 jan. 2019.

CARVALHO, I. S. O progresso científico e a alienação do corpo. In: ALMEIDA, D. M. *Corpo em ética*: perspectivas de uma educação cidadã. São Paulo: Umesp, 2002.

CETIP – CENTRO REGIONAL DE ESTUDOS PARA O DESENVOLVIMENTO DA SOCIEDADE DA INFORMAÇÃO. TIC Domicílios 2018 Indivíduos. Disponível em: << https://www.cetic.br/tics/domicilios/2018/individuos/>>. Acesso em 3 nov. 2019.

DAWKINS, R. *O gene egoísta*. Belo Horizonte; São Paulo: Itatiaia; Edusp, 1979.

DIANA, D. *Renascimento:* características e contexto histórico. Disponível em: <https://www.todamateria.com.br/renascimento-caracteristicas-e-contexto-historico/>. Acesso em: 27 jan. 2019.

DUALIBI, R.; PECHILIVANIS, M. *Dualibi essencial*: minidicionpario com mais de 4.500 frases essenciais. Rio de Janeiro: Elsevier, 2006.

EBIT. *Webshoppers 2018*. 36. ed. Disponível em: <http://www.fecomercio.com.br/public/upload/editor/ws38_vfinal.pdf>. Acesso em: 6 nov. 2018.

FARIA, A. L. G.; Mello, S. A. *Linguagens infantis* – outras formas de leitura. São Paulo: Autores Associados, 2005.

FOURHOOKS. *The generation guide*: millennials, gerações X, Y, Z and baby boomers. 26 abr. 2015. Disponível em: <http://fourhooks.com/marketing/the-generation-guide-millennials-gen-x-y-z-and-baby-boomers-art5910718593>. Acesso em: 28 out. 2018.

GAMA, D. X. Direito autoral – reproduções da obra: a gravação de imagem e voz do entrevistado, proteção. *Revista EMERJ*, v. 2, n. 8, 1999. Disponível em: <http://www.emerj.tjrj.jus.br/revistaemerj_online/edicoes/revista08/Revista08_32.pdf>. Acesso em: 8 dez.2018.

GOOGLE TRENDS. Disponível em: <https://trends.google.com/trends/?geo=US>. Acesso em: 10 dez. 2018.

IBGE – INSTITUTO BRASILEIRO DE GEOGRAFIA E ESTATÍSTICA. *PNAD Contínua TIC 2016*: 94,2% das pessoas que utilizaram a Internet o fizeram para trocar mensagens. Brasília: Agência IBGE Notícias, 10 abr. 2018. Disponível em: <https://www.ibge.gov.br/estatisticas-novoportal/sociais/trabalho/17270-pnad-continua.html?edicao=19937&t=resultados>. Acesso em: 14 out. 2018.

ILARI, R.; BASSO, R. *O português da gente*: a língua que estudamos, a língua que falamos. São Paulo: Contexto, 2009.

JUNG, C. G. *Os arquétipos e o inconsciente coletivo*. 6. ed. Petrópolis: Vozes, 2008.

KOCH, I. V. *A coesão textual*. 10 ed. São Paulo: Contexto, 1998.

LÉVY, P. *O que é o virtual*. São Paulo: Editora 34, 1996. Disponível em: <https://drive.google.com/file/d/0ByGOj9_gW1Y7OXBTdWhWRlo4MUE/view>. Acesso em: 20 out.2018.

MARIN, B. Evento irá celebrar a beleza da mulher madura. Disponível em: <http://amominhaidade.com.

br/beleza/evento-ira-celebrar-beleza-da-mulher-madura/>. Acesso em: 19 dez. 2018.

MARK, M.; PEARSON, C. S. *O herói e o fora da lei*: como construir marcas extraordinárias usando o poder dos arquétipos. São Paulo: Cultrix, 2003.

MOHERDAUI, L. *Guia de estilo* web: produção e edição de notícias *on-line*. 3.ed. São Paulo: Senac São Paulo, 2017.

MONTANARI, M. L. Estamos virando moda. Disponível em: <www.amominhaidade.com.br> Acesso em: 10 nov. 2018.

OLLIVIER, B. *As ciências da comunicação*: teoria e aquisições. Tradução de Gian Bruno Grosso. São Paulo: Senac São Paulo, 2012.

PERROTTI, E. M. B. *Superdicas para escrever bem diferentes tipos de texto*. São Paulo: Saraiva; Benvirá, 2018.

_____. *Conhecendo mais de mim mesma*. Disponível em: <http://amominhaidade.com.br/estilo-de-vida/aluna-60-conhecendo-mais-de-mim-mesma>. Acesso em: 30 dez. 2018

PIMENTA, R. *A casa da mãe Joana*. Curiosidades nas origens das palavras, frases e marcas. Rio de Janeiro: Campos, 2002.

POLITO, R. *Como falar de improviso*. São Paulo: Saraiva, 2008.

_____. Curso superior é mesmo importante para ingressar no mercado de trabalho? Disponível em: <https://economia.uol.com.br/blogs-e-colunas/ coluna/ reinaldo polito/ 2018/12/11/ importancia-curso-superior-ingressar-mercado-de-trabalho. htm?cmpid= copiaecola>. Acesso em: 20 dez. 2018.

PORTEILA, O. *Vocabulário etimológico básico do acadêmico de letras*. Curitiba: Universidade Federal do Paraná, 1984. Disponível em: <https://revistas.ufpr.br/letras/article/download/19320/12605>. Acesso em: 23 jan.2019.

PRATA, M. *Chapeuzinho vermelho de raiva*. Disponível em: <https://marioprata.net/literatura-2/literatura-infantil/chapeuzinho-vermelho-de-raiva/>. Acesso em: 9 dez. 2018.

RENASCIMENTO. Disponível em: <https://www.historiadasartes.com/nomundo/arte-renascentista/renascimento/>. Acesso em: 18 dez. 2018.

ROSITO, M. M. B.; SAGGESE, R. C. D. Q. Pedagogia imaginal e processos formativos: arte, narrativas e mitos. *Revista Educação e Linguagem*. São Paulo: Umesp, 2010.

SANTOS NETO, J.; ALMEIDA JÚNIOR, O. F.; VALENTIM, M. L. P. *Anais do V SECIN*, 2013.

SCOPINHO, S. C. D. O corpo e suas implicações éticas no estudo das ciências modernas. In: ALMEIDA, D. M. *Corpo em ética*: perspectivas de uma educação cidadã. São Paulo: Umesp, 2002.

SEVERINO, A. *A utopia da palavra*. Linguagem, poesia e educação: algumas travessias. Rio de Janeiro: Lucerna, 2002.

SOLÉ, I. *Estratégias de leitura*. Porto Alegre: Artmed, 1998.

STÖRIG, H. J. *A aventura das línguas:* uma história dos idiomas do mundo. São Paulo: Melhoramentos, 2003.

STRATEGYZER AG. *The Business Model Canvas*: your business model on one page. Zurique, 2011. Disponível em: <https://strategyzer.com/canvas/business-model-canvas>. Acesso em: 24 jan. 2019.

SWALES, J. M. *Genre Analysis:* English in academic and researching settings. Cambridge: Cambridge University Press, 1990.